Management gebietsbezogener integrativer Stadtteilentwicklung

Ansätze in Kopenhagen und Wien im Vergleich zur Programmumsetzung „Soziale Stadt" in deutschen Städten

Thomas Franke
Wolf-Christian Strauss

Deutsches Institut für Urbanistik

Impressum

Autoren:

Dipl.-Geogr. Thomas Franke
Dipl.-Ing. Wolf-Christian Strauss

Redaktion:

Klaus-Dieter Beißwenger

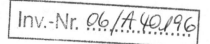
Bundestransferstelle Soziale Stadt

Im Auftrag des Bundesministeriums für Verkehr, Bau- und Wohnungswesen (BMVBW),
vertreten durch das Bundesamt für Bauwesen und Raumordnung (BBR)

Dieser Band ist auf 100-prozentigem Recyclingpapier gedruckt.

Deutsches Institut für Urbanistik

Straße des 17. Juni 112, 10623 Berlin
Telefon: 030 / 39 001-0
Telefax: 030 / 39 001-100

E-Mail: difu@difu.de
Internet: http://www.difu.de

Berlin, Oktober 2005
ISBN 3-88118-394-9

Inhalt

Zu diesem Band

In vielen europäischen Ländern werden – wie in Deutschland im Rahmen des Bund-Länder-Programms „Soziale Stadt" – Verfahren integrativer Quartiersentwicklung eingesetzt. Dabei scheinen die hierfür notwendigen innovativen Management- und Organisationsformen insbesondere der Städte Kopenhagen und Wien auf den ersten Blick mit Ansätzen in deutschen Programmgebieten vergleichbar. Im Detail zeigen sich jedoch auch Unterschiede, die – jenseits länderspezifischer Besonderheiten – interessante „Reibungsflächen" für die Diskussion über die Fortentwicklung der „Sozialen Stadt" abgeben.

Der vorliegende Band enthält die Ergebnisse von Dokumentenanalysen sowie vor allem von Experteninterviews, die Anfang 2005 mit Akteuren der Quartiersentwicklung in Kopenhagen und Wien auf der Verwaltungsebene, vor Ort und im intermediären Bereich geführt wurden. So konnte ein detailliertes, durchaus kritisches Bild der Umsetzung integrativer Stadtteilentwicklung in den beiden Städten gezeichnet werden. Aus dem Vergleich dieser Ansätze mit Erfahrungen in Deutschland werden schließlich Anregungen für die Programmumsetzung hierzulande abgeleitet.

Vorbemerkung

1999 haben Bund und Länder die Städtebauförderung um das Programm „Stadtteile mit besonderem Entwicklungsbedarf – die soziale Stadt" (kurz: Soziale Stadt) ergänzt, um der sich verschärfenden sozialen und räumlichen Spaltung in den Städten gegenzusteuern. Mit diesem auf Partizipation, Integration und Kooperation angelegten Programm wird gegenwärtig in mehr als 360 Programmgebieten in rund 250 Städten und Gemeinden ein neuer Politikansatz der Stadtteilentwicklung gefördert, mit dem vor allem die folgenden Ziele verfolgt werden sollen:

- die physischen Wohn- und Lebensbedingungen der Quartiersbevölkerung sowie die wirtschaftliche Basis in den Stadtteilen zu stabilisieren und zu verbessern,

- die Lebenschancen der Gebietsbewohnerinnen und -bewohner durch Vermittlung von Fähigkeiten, Fertigkeiten und Wissen zu erhöhen,

- Gebietsimage, Stadtteilöffentlichkeit und die Identifikation mit den Quartieren zu stärken.

Die Umsetzung eines derart komplexen und anspruchsvollen Programms benötigt die Unterstützung durch Erfahrungsaustausch, Wissenstransfer, Kooperation und Öffentlichkeitsarbeit. Deshalb beauftragte das Bundesministerium für Verkehr, Bau- und Wohnungswesen (BMVBW), vertreten durch das Bundesamt für Bauwesen und Raumordnung (BBR), das Deutsche Institut für Urbanistik (Difu) mit der Programmbegleitung für die erste Umsetzungsphase von Herbst 1999 bis Herbst 2003. Mit der im Dezember 2003 eingerichteten Bundestransferstelle „Soziale Stadt" – ebenfalls beim Difu – soll der bundesweite Informations- und Erfahrungsaustausch zwischen allen an der Programmumsetzung Beteiligten und Engagierten fortgeführt werden. Dazu gehören vor allem die Aktualisierung und Weiterentwicklung des Internetforums www.sozialestadt.de sowie die Analyse vergleichbarer Programmansätze im europäischen Ausland.

1.   Gegenstand und Ansatz der Untersuchung

Während der nunmehr gut fünfjährigen Laufzeit des Bund-Länder-Programms „Stadtteile mit besonderem Entwicklungsbedarf – die soziale Stadt" sind in den daran teilnehmenden Gebieten nach und nach Organisations- und Managementstrukturen für die Programmumsetzung aufgebaut worden. Es werden Projekte und Maßnahmen durchgeführt sowie Bewohner/innen und andere lokal relevante Akteure im Rahmen neuer Kooperationsformen an der Quartiersentwicklung beteiligt. Die Implementierungsphase des Programms kann also als abgeschlossen gelten, weshalb nun die Stärken, aber auch eher problematischen Entwicklungen der Programmumsetzung sowie daraus erwachsende Veränderungsbedarfe stärker in den Blickpunkt rücken. Dabei ist der Vergleich mit ähnlichen Ansätzen der integrativen Entwicklung benachteiligter Stadtteile im europäischen Ausland von großer Bedeutung, wie sie seit den 1990er-Jahren in vielen Ländern durchgeführt werden. Hier werden im Detail Unterschiede deutlich, die im Sinne von „Anregungen" oder „Alternativen" hilfreich für die weitere Programmgestaltung in Deutschland sein können.

Mit der vorliegenden Untersuchung wird ein solcher Vergleich unternommen. Dafür wurde das übergeordnete Handlungsfeld *Management- und Organisationsformen* als Untersuchungsgegenstand gewählt, weil es im Zentrum jeglicher Programmumsetzungen steht. Anhand dieses Handlungsfeldes lassen sich zudem deutlicher als am Beispiel eher kleinteiliger und/oder sektoraler Themen grundlegende Unterschiede, aber auch programmatische und konzeptionelle Übereinstimmungen zwischen Ansätzen der integrativen Stadtteilentwicklung in verschiedenen Ländern aufzeigen. Die Studie ist ein erster Schritt in diese Richtung und beschränkt sich auf die Untersuchung von Programmansätzen in zwei europäischen Nachbarländern. Kriterium für die Auswahl der Fallbeispiele war eine – zumindest auf den ersten Blick – möglichst große Ähnlichkeit der dort für eine Programmumsetzung aufgebauten Management- und Organisationsstrukturen mit denen in deutschen Programmgebieten. Dies trifft insbesondere für Kopenhagen und Wien zu, wo ebenfalls eine ressortübergreifende Zusammenarbeit, die Beteiligung der lokalen Quartiersbevölkerung sowie die Einbeziehung anderer verwaltungsexterner Akteure im intermediären Bereich weitgehend realisiert werden (vgl. Difu 2003: 170 ff. zum „3-Ebenen-Modell" Quartiermanagement in Deutschland).

Methodisch basiert dieser Bericht wesentlich auf Experteninterviews, die im Januar 2005 in Kopenhagen und Wien durchgeführt wurden. Bei den Befragten handelt es sich um Akteure, die auf der städtischen Verwaltungs- und der lokalen Quartiersebene für die Programmumsetzung verantwortlich sind oder die Prozesse integrativer Quartiersentwicklung von wissenschaftlicher Seite begleiten (siehe Anhang 1). Um die Anonymität der Befragten insbesondere bei kritischen Aussagen zu wahren, wird bei entsprechenden Quellenhinweisen sowohl auf eine Differenzierung zwischen männlicher und weiblicher Form als auch (in den meisten Fällen) auf eine nähere Beschreibung der Funktion des jeweiligen Interviewpartners verzichtet. Die Analyse von Dokumenten zur Programmumsetzung in beiden Städten – unter anderem Programmkonzeptionen, Entwicklungskonzepte, Gebietsbeschreibungen, Evaluationsberichte – bildet die zweite wesentliche Informationsgrundlage der Untersuchung. Die beiden konkreten Fallbeispiele werden mit den bereits zusammengefassten Erkenntnissen und Aussagen verglichen, die im Rahmen der Programmbegleitung und der Zwischenevaluierung zum Programm „Soziale Stadt" erarbeitet wurden (vgl. insbesondere Difu 2003 und BBR/IfS 2004).

Grundsätzliche Unterschiede zwischen Kopenhagen/Dänemark, Wien/Österreich und Deutschland finden sich *oberhalb der gewählten Vergleichsebene* vor allem in der Geographie und den wirtschaftlichen Rahmenbedingungen der drei Länder sowie – damit zusammenhängend – den übergeordneten Zielsetzungen der jeweiligen Programme/Ansätze (*Kvarterløft* in Dänemark, *Grätzelmanagement* in Wien, *Soziale Stadt* in Deutschland): Die *räumlichen Programm- bzw. Förderkulissen* Dänemarks und Österreichs unterscheiden sich in Bezug auf Anzahl und Unterschiedlichkeit der beteiligten Gebiete teilweise erheblich von der deutschen Situation. Während hier gegenwärtig 363 Gebiete in 252 Kommunen am Programm Soziale Stadt teilnehmen, konzentrieren sich vergleichbare Ansätze in Dänemark und Österreich vor allem auf die Hauptstädte Kopenhagen und Wien, die im jeweiligen nationalen Kontext die mit Abstand größten Bevölkerungsagglomerationen darstellen: In der Region Kopenhagen lebt ein Drittel der dänischen Bevölkerung, in Wien ist es rund ein Fünftel der Einwohner/innen Österreichs. Beide Städte sind zudem die bedeutendsten Wirtschaftsräume in ihrem Land (vgl. Abschnitte 2.1 und 3.1).

Betrachtet man die *Rahmenbedingungen für Stadtteilentwicklung* in allen drei Ländern und den untersuchten Städten, fallen ebenfalls Unterschiede auf: Die Wirtschaftsentwicklung Dänemarks und insbesondere der Stadtregion Kopenhagen zeigt seit einigen Jahren einen deutlichen Aufwärtstrend, unter anderem verbunden mit vergleichsweise geringer Arbeitslosigkeit und einer heute relativ stabilen öffentlichen Haushaltssituation. Dennoch gibt es in Kopenhagen auch benachteiligte Stadtteile, die noch nicht vom allgemeinen Wachstumstrend der Gesamtstadt profitieren. In Österreich zeigen sich zum Teil problematischere Tendenzen: In erster Linie gehören dazu der fortschreitende Verlust von Arbeitsplätzen in der verarbeitenden Industrie sowie – damit verbunden – allmählich steigende Arbeitslosigkeit, zunehmende gesellschaftliche Polarisierung und sozialräumliche Segregation, was insbesondere für Wien zutrifft. Obwohl die Stadt gegenwärtig noch von einer stabilen Situation der öffentlichen Haushalte profitiert, ist es nach Einschätzung vieler Akteure dennoch notwendig, Szenarien für den Fall einer sich verschlechternden Gesamtsituation zu entwickeln. Die Rahmenbedingungen Deutschlands stellen sich als die vergleichsweise ungünstigsten dar: Geringes Wirtschaftswachstum, eine anhaltend sehr hohe Arbeitslosigkeit sowie die prekäre Haushaltslage der Kommunen sind lediglich drei Faktoren für die Erklärung nur eingeschränkter Steuerungs- und Handlungsmöglichkeiten öffentlicher Akteure sowie die im Vergleich deutlichere Herausbildung benachteiligter Stadtteile mit teilweise schwerwiegenderen Problemlagen als in Dänemark und Österreich.

Hier wie dort sind Segregationsprozesse der „Motor" für die *Herausbildung benachteiligter Stadtteile*, wenngleich das Ausmaß der Abwanderung einkommensstärkerer Haushalte bei gleichzeitigem Zuzug eher sozial schwacher Bevölkerungsgruppen (soziale Entmischung) in vielen deutschen Programmgebieten stärker ausgeprägt zu sein scheint als in den Kopenhagener *Kvarterløft*- und den Wiener Grätzelmanagement-Gebieten. Als „benachteiligte Stadtteile" werden in allen drei Ländern solche Quartiere bezeichnet, die eine Konzentration vielfältiger Problemlagen aufweisen. Dazu gehören (vgl. Difu 2002: 15 f.):

- Defizite im baulich-städtebaulichen Bereich (z.B. ein großer Sanierungs- oder Modernisierungsbedarf, ein verbesserungswürdiges Wohnumfeld oder Verkehrsprobleme),

- ein Mangel an Grün- und Frei(zeit)flächen,

- der Niedergang der lokalen Wirtschaft,

- überdurchschnittliche (Langzeit-/Jugend-)Arbeitslosigkeit, verbunden mit einem vergleichsweise hohen Anteil von Bezieherinnen und Beziehern staatlicher Transferleistungen,

- Spannungen im Zusammenleben unterschiedlicher sozialer und/oder ethnischer Gruppen

- sowie vielfältige psychosoziale Probleme (z.B. Resignation, Alkohol- und Drogenmissbrauch, Vandalismus) als Folge schwieriger individueller Lebenslagen in einem nur wenige positive Anreize setzenden Umfeld.

Insbesondere die psychosozialen Probleme treten dabei in Wien und Kopenhagen – zumindest an der Oberfläche – weniger deutlich zu Tage als in vielen deutschen Programmgebieten.

Die *übergeordneten Ziele* aller drei Ansätze sind ähnlich – überall geht es um die Verbesserung der lokalen Lebensbedingungen, die Entwicklung der Ressourcen und Potenziale von Quartieren und Bewohner/innen sowie die (Re-)Integration der benachteiligten Stadtteile in gesamtstädtische Entwicklungen. Allerdings zeichnen sich dabei aufgrund der unterschiedlichen Rahmenbedingungen in Dänemark, Österreich und Deutschland leicht unterschiedliche Richtungstendenzen ab: Während es in Deutschland in starkem Maße sowohl um die „sozialen Selbsthilfepotenziale der Quartiere" (BBR/IfS 2004: 78) als auch um die Erprobung neuer Steuerungsansätze im Zusammenhang mit integrativen Vorgehensweisen geht („*Governance*"), liegt der Fokus in Kopenhagen nach Auskunft einiger befragter Akteure in stärkerem Maße auf der bislang unzureichenden Teilhabe der benachteiligten Stadtteile an der „boomenden" gesamtstädtischen Entwicklung. Die Wiener Ansätze gehen vor allem in Richtung einer Weiterentwicklung dezentraler Management- und Organisationsformen für den Fall sich verschlechternder Rahmenbedingungen für kommunales Handeln und betonen aufgrund der spezifischen Förderstruktur außerdem die Stärkung der lokalen Wirtschaftsentwicklung.

2. Kopenhagen und das dänische Programm Kvarterløft

Die Umsetzung des dänischen Programms *Kvarterløft* zeigt, welche Vor- und Nachteile ein vergleichsweise großer Ressourceneinsatz, eine strikte Laufzeitbegrenzung, die Vorgabe von „Meilensteinen", aber auch ein deutlich ausgeprägter *Bottom-up*-Ansatz für die integrative Stadtteilentwicklung haben. Nachfolgende Darstellungen basieren auf Dokumenten und Fachveröffentlichungen (vgl. entsprechende Quellenverweise) sowie auf Sachinformationen von Interviewpartnern, die ohne gesonderte Kennzeichnung in den Bericht übernommen wurden.

2.1 Ausgangslage in Kopenhagen und Anlässe für integrative Stadtteilentwicklung in Dänemark

Bevölkerungsentwicklung

In Dänemark leben knapp 5,5 Millionen Menschen, davon rund 1,8 Millionen in der Großstadtregion Kopenhagen (Kopenhagen und Frederiksberg samt Landkreisen sowie Landkreis Roskilde), hiervon 502 362 in der Stadt Kopenhagen (StatBank Denmark, Stand 1/05). Allein durch diese Daten wird die Sonderstellung der Haupstadt im dänischen Städtesystem deutlich, die sich nach Aussage mehrerer Interviewpartner in den spezifischen städtischen Problemlagen und auch der Durchführung des *Kvarterløft*-Programms in Kopenhagen widerspiegelt.

Die Bevölkerungsentwicklung Dänemarks ist insbesondere seit den 1990er-Jahren wesentlich durch Einwanderung von und Geburtenüberschüsse bei Migrantengruppen geprägt (Skifter Andersen et al. 2000: 8). Der Einwandereranteil beträgt heute landesweit 6,4 Prozent, wovon ein gutes Drittel mittlerweile über die dänische Staatsbürgerschaft verfügt. In Kopenhagen liegt der Migrantenanteil mit 13,9 Prozent doppelt so hoch, und knapp die Hälfte der Einwanderer hat hier die dänische Staatsbürgerschaft angenommen. Ethnische Gruppen mit türkischem, irakischem, jugoslawischem und marokkanischem Hintergrund stellen dabei die stärksten Anteile (vgl. StatBank Denmark, Stand 1/05).

Wirtschafts- und Beschäftigungsentwicklung

Die dänische Wirtschaftsentwicklung ist seit 25 Jahren von einer Wellenbewegung gekennzeichnet: Einem Negativtrend um das Jahr 1980 folgte eine rund fünfjährige Wachstumsphase, die wiederum von einer Rezession (1987 bis 1993) beendet wurde. Seit Mitte der 1990er-Jahre ist ein erneuter Wachstumsschub zu beobachten, der bis heute anhält. Einen der Gründe für die gegenwärtige Boomphase sehen Skifter Andersen et al. (2000: 16) in der im Jahr 2000 fertig gestellten Øresund-Brücke zwischen der Großstadtregion Kopenhagen und der südschwedischen Region Malmø mit nochmals rund 1,2 Millionen Einwohner/innen, durch die eine grenzüberschreitende Wirtschaftsregion mit insgesamt rund 3 Millionen Einwohner/innen entstand.

Analog zur Wirtschaftsentwicklung wechselten sich seit 1980 Phasen hoher und niedrigerer Arbeitslosigkeit ab. Im Zuge der gegenwärtigen Boomphase hat sich die Zahl der Arbeitslosen in Dänemark zwischen 1994 und 2004 von 343 424 (6,6 Prozent) auf 176 388

(3,3 Prozent) halbiert. In Kopenhagen ging die Arbeitslosigkeit im gleichen Zeitraum noch deutlicher von 41 586 (8,9 Prozent) auf 19 334 (3,9 Prozent) Personen zurück (vgl. Stat-Bank Denmark). Von Arbeitslosigkeit sind heute trotz der günstigen Rahmenbedingungen vor allem Bevölkerungsgruppen betroffen, die aufgrund von unzureichender Bildung/Qualifikation, Gesundheitsproblemen oder aus Altersgründen keine Stelle auf dem zunehmend vom Dienstleistungssektor geprägten und in Richtung höherqualifizierter Beschäftigungsmöglichkeiten tendierenden Arbeitsmarkt finden (Skifter Andersen et al. 2000: 3 f.).

Herausbildung benachteiligter Stadtteile

In Dänemark nimmt der Anteil öffentlich geförderten Wohnungsbaus seit Mitte der 1990er-Jahre stark ab. Im Zuge dieser Entwicklungen wurde insbesondere im Großraum Kopenhagen beobachtet, dass die Aufteilung des Wohnungsmarktes in Privateigentum – dieser Sektor ist hier sehr viel stärker ausgeprägt als beispielsweise in Deutschland –, Genossenschaftswohnungen und öffentlich gefördertem Wohnraum zu verstärkter Segregation geführt hat, zu deren Folgen die beschleunigte Herausbildung benachteiligter Stadtteile gehört (vgl. Skifter Andersen et al. 2000: 4 f.).

Abbildung 1:   Im *Kvarterløft*-Gebiet *Nord-Vest*

Fotos diese und folgende Seite: Wolf-Christian Strauss

Stark generalisiert können in Dänemark zwei Typen benachteiligter Stadtteile identifiziert werden: Zum einen sind dies Siedlungen des öffentlichen Wohnungsbaus aus den 1960er- bis 1980er-Jahren mit einem hohen Anteil an Sozialwohnungen, zum anderen handelt es sich um innerstädtische Wohngebiete (vor allem in Kopenhagen), die überwiegend durch Altbausubstanz geprägt sind. In beiden Gebietstypen gehört ein für dänische Verhältnisse vergleichsweise hoher Anteil an Arbeitslosen und Transfermittelbezieher/innen zu den Hauptproblemen. Insbesondere in Sozialwohnungsgebieten kommen vor allem (psycho)soziale Schwierigkeiten hinzu: Alkohol- und Drogenmissbrauch, Vandalismus und Kriminalität oder die Konzentration von Einwanderern mit der Folge sozialer Spannungen zählen hier zu den besonders gravierenden Problemen. In den Altbaugebieten dominieren dagegen eher baulich-städtebauliche Missstände wie Instandhaltungs- und Modernisierungsstaus, hohe Verkehrsbelastungen oder unzureichende Grün- und Frei(zeit)flächenangebote. Beide Gebietstypen leiden in der Regel unter einem Negativimage (vgl. Munk 2003: 1; Skifter Andersen 2002: 8 f.).

Im Gegensatz zu vielen Programmgebieten in Deutschland „profitieren" benachteiligte Quartiere insbesondere in Kopenhagen von einem extrem angespannten Wohnungsmarkt: Vor allem der günstige und preisgebundene Mietsektor im Altbaubestand wird – unabhängig vom Image des Stadtteils – insbesondere von jungen, aber einkommensschwächeren Haushalten (z.B. Studierende, Künstler) nachgefragt, was neben der günstigen Wirtschaftsentwicklung der Gesamtstadt als ein weiteres Potenzial der Gebietsentwicklung betrachtet werden kann.

Abbildung 2:   Im *Kvarterløft*-Gebiet *Nørrebro Park*

2.2 Das dänische Programm Kvarterløft

Als Reaktion auf die Herausbildung dieser räumlich konzentrierten Problemlagen wurde im Jahr 1996 das gebietsbezogene integrative Programm *Kvarterløft* – ins Deutsche lässt sich dies mehr oder weniger scharf mit „Quartiersaufwertung" übersetzen – von der dänischen Regierung aufgelegt. Es stellt den aktuellen Entwicklungsstand einer ganzen Reihe unterschiedlicher Stadt(teil)erneuerungsstrategien in Dänemark dar (vgl. Leonardsen et al. 2003: 7; Skifter Andersen et al. 2000: 8 ff.):

- 1939 bis 1969: Beseitigung ungesunder Wohnbedingungen überwiegend durch selektiven Abriss und vereinzelte Neubaumaßnahmen *(Sanitation Act)*.

- 1969 bis Mitte der 1970er-Jahre: Flächensanierung *(Slum Clearance Act)*, begleitet von zunehmenden Einwohnerprotesten.

- Mitte der 1970er bis Beginn der 1980er-Jahre: Stärkere Einbeziehung der lokalen Bewohnerschaft in die Stadt(teil)erneuerung (Informationsarbeit, Beteiligung) mit dem Ergebnis einer stärkeren Hinwendung zu Sanierung und Modernisierung anstelle von Abriss (unter anderem Modifikation des *Planning Act* im Jahr 1978 in Richtung einer stärkeren Beteiligung).

- 1982: Verabschiedung des *Urban Renewal Act („byfornyelsesloven")*, der die behutsame Stadterneuerung als Regelfall, Abriss dagegen nur mehr als Ausnahme vorsah; Stärkung der Mitbestimmungsrechte der lokalen Bevölkerung unter anderem durch Einführung eines lokalen Vetorechts für Teilbereiche der Stadt(teil)erneuerungsplanung.

- 1990er-Jahre: Ausdehnung des *Urban Renewal Act* auch auf weniger sanierungs-/modernisierungsbedürftige Häuser durch das *Private Urban Renewal*-Gesetz (1998 in den *Urban Renewal Act* integriert), wodurch erstmals eine zusammenhängende Quartiersentwicklung gefördert werden konnte *(Holistic Urban Renewal – „Helhedsorienteret byfornyelse")*. Fördergelder können nun sowohl für die Verbesserung der (städte-)baulichen Infrastruktur als auch für soziale und kulturelle Belange sowie die Prozessorganisation verwendet werden. Entsprechende Projekte müssen stets auf einem *Bottom-up*-Ansatz basieren, bei dem die Bevölkerung und andere lokale Akteure in die Planung und Umsetzung einbezogen werden (Skifter Andersen et al. 2000: 9).

- 1993: Einrichtung des *Urban Committees* (Minister aus fünf verschiedenen Ministerien) durch die dänische Regierung mit dem Ziel, sich im Rahmen eines Sonderprogramms (Laufzeit: 1994–1998) um zunehmende soziale Probleme sowie die Konzentration von Einwanderern und Flüchtlingen in Sozialwohnungsgebieten zu kümmern. Im Rahmen dieses Programms erhielten betroffene Kommunen staatliche Sondermittel, um Maßnahmen unter anderem in den Bereichen bauliche Erneuerung, *Empowerment*, (Aus-)Bildung von Einwanderern und Flüchtlingen, Kriminalitätsbekämpfung durchzuführen (Munk 2001; Skifter Andersen et al. 2000: 10 f.; Skifter Andersen 2002: 7 f.).

Dieser Trend von der reinen städtebaulichen *Top-down*-Planung hin zu eher *Bottom-up*-orientierten Prozessen der integrierten Stadtteilerneuerung wird in dem 1996 vom *Urban Committee* aufgelegten Programm *Kvarterløft* aufgenommen, verstärkt und vor allem auch auf innerstädtische Altbaugebiete ausgedehnt (vgl. Leonardsen et al. 2003: 8). Kernidee des Programms ist die ressortübergreifende Kombination zielgruppen- und gebietsorientierter Förderansätze in einer integrativen Strategie unter starker Einbeziehung des lokalen Gemeinwesens (Skifter Andersen et al. 2000: 12). Es geht also nicht mehr nur um (städte-)bauliche Erneuerung, sondern auch um sozialen und wirtschaftlichen Wandel sowie Partizipation: „Kvarterløft can be characterised as a 'bottom-up' strategy which favours the active participation by residents and development of partnerships" (Skifter Andersen et al. 2000: 13). Zusammengefasst zeichnet sich *Kvarterløft* durch die drei Grundsätze ressortübergreifender Ansatz, Zusammenarbeit von Verwaltung und verwaltungsfernen Akteuren (z.B. lokale Unternehmer/innen, Einwohner/innen) sowie Beteiligung der Quartiersbevölkerung und anderer lokaler Akteure aus (vgl. Leonardsen et al. 2003: 8).

Im Rahmen der ersten Programmrunde (1997 bis 2001 mit Verlängerungsmöglichkeit bis Ende 2003) in sieben Gebieten fünf größerer Städte (davon drei Gebiete in Kopenhagen) lagen die Programmschwerpunkte zunächst vor allem auf baulicher Erneuerung, der Absenkung des Mietenniveaus sowie auf sozialen Aktivitäten. Die zweite, im Jahr 2001 begonnene Runde (Laufzeit bis 2007) zielt dagegen auf ein breiteres Spektrum von Handlungsfeldern wie Soziales (unter anderem Integration von Zuwanderern), Kultur, Wirtschaft (unter anderem Schaffung von lokalen Arbeitsplätzen), Städtebau, Verkehr und Umwelt (vgl. Skifter Andersen et al. 2000: 12 f.) in den fünf beteiligten, neu hinzugekommenen Gebieten (davon zwei in Kopenhagen). Eine dritte Programmrunde für wiederum andere Gebiete wurde in 2005 gestartet und läuft bis Ende des Jahres 2009 (vgl. København Kommune 2004a).

Die Programmumsetzung ist in drei Phasen unterteilt (vgl. Leonardsen et al. 2003: 13 f.; Skifter Andersen et al. 2000: 13): Sie beginnt mit einer einjährigen Planungsphase, in der lokale Bewohnerinnen und Bewohner, Organisationen sowie Vor-Ort-Initiativen im Rahmen öffentlicher Beteiligungsveranstaltungen ihre Ideen und Wünsche für eine künftige Quartiersentwicklung einbringen können *(neighbourhood planning stage)*. Diese Ideen fließen in einen gemeinsam mit den verschiedenen involvierten Ämtern zu erarbeitenden *Kvarterplan* ein (vgl. Abschnitt 2.4.4), der schließlich im Stadtrat diskutiert und beschlossen wird. Der verabschiedete Plan ist Teil eines zwischen dem zuständigen Ministerium und der Stadt geschlossenen Vertrages zur Programmumsetzung, der jährlich neu verhandelt werden muss und unter anderem Aussagen zu geplanten Projekten und Maßnahmen, Finanzierungsfragen, aber auch (quantifizierbare) Zielvereinbarungen enthält. Es folgen die eigentliche Maßnahmen- und Projektumsetzungsphase *(implementation stage)* vom zweiten bis sechsten Programmjahr sowie schließlich die einjährige Verankerungsphase *(anchoring stage)*, in der geklärt wird, ob – und wenn ja: wie – bereits realisierte Projekte im Sinne von Nachhaltigkeit auch nach Programmende weiter betrieben werden können (Leonardsen et al. 2003: 14; vgl. København Kommune/By- og Boligministeriet 2001a).

Jedes *Kvarterløft*-Projekt – so wird in Dänemark jeweils die Gesamtheit der Programmumsetzung in einem Quartier genannt – muss einmal im Jahr einen Statusbericht vorlegen, der unter anderem Ausführungen zu Problemen und Erfolgen der bisherigen Programmumsetzung sowie Zielsetzungen für das Folgejahr enthält. Der Bericht bildet die Diskussionsgrundlage für die ebenfalls jährlich stattfindenden Treffen zwischen Vertreter/innen des lokalen *Kvarterløft*-Managements, der Stadt sowie dem Programmgeber (Leonardsen et al. 2003: 14; vgl. København Kommune/By- og Boligministeriet 2001b: 2).

Im Rahmen des *Kvarterløft*-Programms stehen den insgesamt zwölf teilnehmenden Gebieten der ersten und zweiten Programmrunde gegenwärtig rund 160 Millionen Euro zur Verfügung, mit denen neben den eigentlichen Projekten und Maßnahmen in den Quartieren auch die lokalen *Kvarterløft*-Sekretariate finanziert werden können (Leonardsen et al. 2003: 7). Die dritte Runde ist finanziell deutlich schlechter ausgestattet: hier beträgt der nationale Anteil für alle neuen Gebiete insgesamt nur noch rund 6,7 Millionen Euro. In den Quellen schwanken die Angaben dazu, wie groß die jeweiligen Finanzierungsanteile des Landes und der Kommunen sind. Zumindest die Stadt Kopenhagen kofinanziert danach in der Regel zwei Drittel ihrer Programmmittel, teilweise ergänzt durch private und EU-Mittel. Die hohe Kofinanzierung ist allerdings nur deswegen mehr oder weniger problemlos zu bewerkstelligen, weil die Kommunen in Dänemark im Vergleich beispielsweise zur Situation in Deutschland über eine solidere Finanzbasis verfügen, unter anderem da ihnen die Einkommensteuer direkt und in vollem Umfang zusteht.

2.3 Kvarterløft-Gebiete in Kopenhagen

In Kopenhagen nehmen derzeit sieben Gebiete am *Kvarterløft*-Programm teil (erste bis dritte Programmrunde), davon zwei Siedlungen mit einem im gesamtstädtischen Vergleich sehr hohen Anteil an Sozialwohnungen *(Femkanten, Kongens Enghave)* sowie fünf (Altbau-)Gebiete mit einer größeren Durchmischung von Wohneigentum, Genossenschaftsbesitz und Sozialwohnungen *(Holmbladsgade, Mimersgadekvarteret, Nord-Vest, Nørrebro Park Kvarter, Øresundsvejkvarteret)*. Zusätzlich nehmen zwei Gebiete *(Tingbjerg-Utterslevhuse, Remisevænget)* in Form lokaler Partnerschaften unter anderem mit Wohnungsbaugesellschaften am integrierten Quartiersentwicklungsprozess in Kopenhagen teil.

Die in Kopenhagen für die vorliegende Untersuchung durchgeführten Befragungen auf Quartiersebene und im intermediären Bereich konzentrierten sich auf Akteure in den beiden *Kvarterløft*-Gebieten *Nord-Vest* und *Nørrebro Park* (vgl. Abb. 3). *Nord-Vest* liegt im nordwestlichen Stadterweiterungsgebiet und ist von Blockrand- sowie Zeilenbebauung aus den 1920er- bis 1950er-Jahren geprägt (vgl. Abb. 4). Die Wohnungen sind überwiegend klein und entsprechen in Bezug auf ihre Ausstattung zu einem großen Teil nicht den heutigen Standards. Größere, teilweise brachgefallene Gewerbeareale liegen im Quartier und bieten Potenziale für Wieder- oder Umnutzungen. Allgemein wird in *Nord-Vest* das weitgehende Fehlen von Grün- und Freiflächen sowie von kultureller Infrastruktur beklagt. Der lokale Einzelhandel ist überwiegend ethnisch geprägt. In diesem Gebiet leben rund 15 000 Einwohner/innen, davon 16 Prozent Transferhilfebezieher/innen, 6 Prozent Arbeitslose und 21 Prozent Migrant/innen. Mit der Umsetzung des *Kvarterløft*-Programms wurde im Jahr 2000 begonnen; diese erste Programmrunde endet in 2007 (vgl. København Kommune 2001a).

Abbildung 3: Lage der *Kvarterløft*-Gebiete in Kopenhagen

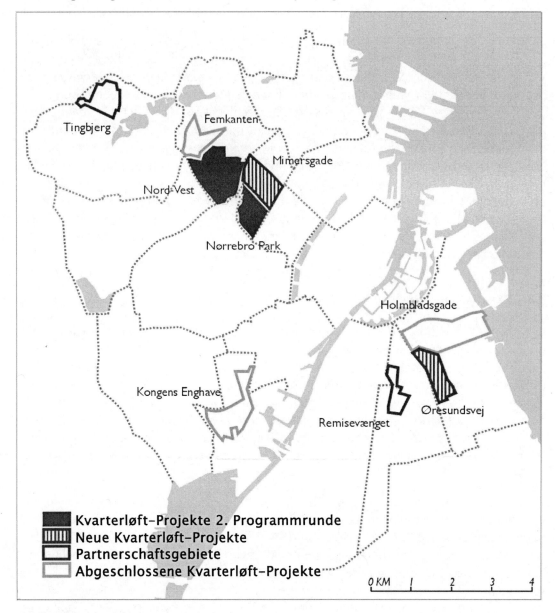

Quelle: København Kommune 2004c

Das Richtung Innenstadt anschließende *Kvarterløft*-Gebiet *Nørrebro Park* – die Umbenennung des Gebiets von *„Outer Nørrebro"* in *„Nørrebro Park"* war eine Maßnahme zur Imageverbesserung im Rahmen von *Kvarterløft* – teilt sich in drei Bereiche auf: eine dichte Altbaustruktur im nordöstlichen Teil des Gebietes, eine weniger dichte Blockrandbebauung im Südosten und im zentralen Bereich (überwiegend Genossenschaftsbauten aus den 1920er- bis 1950er-Jahren) sowie Großstrukturen des sozialen Wohnungsbaus aus den 1970er-Jahren im westlichen Gebietsteil (vgl. Abb. 5). Insbesondere im Altbaubestand finden sich – ähnlich wie in *Nord-Vest* – überwiegend kleine Substandard-Wohnungen. Im Genossenschaftsbestand sind die Wohnungen im Schnitt größer, wenngleich auch hier die Substandardproblematik noch nicht gelöst ist. Ein großes Grünareal durchzieht an dieser Stelle das Gebiet und bildet den Ankerpunkt für viele Aktivitäten des *Kvarterløft*-Projektes. In den Sozialwohnungen des westlichen Gebietsteils konzentrieren sich soziale Probleme (vgl. Abb. 6). Im Gebiet leben insgesamt rund 16 100 Personen, davon 14 Prozent Transfermittelbezieher/innen, 5 Prozent Arbeitslose sowie 18 Prozent Migrant/innen (vgl. København Kommune 2001a). Das *Kvarterløft*-Programm wird hier ebenfalls seit dem Jahr 2000 durchgeführt und endet in 2007.

Abbildung 4:   Isometrische Karte des Kvarterløft-Gebiets Nord-Vest

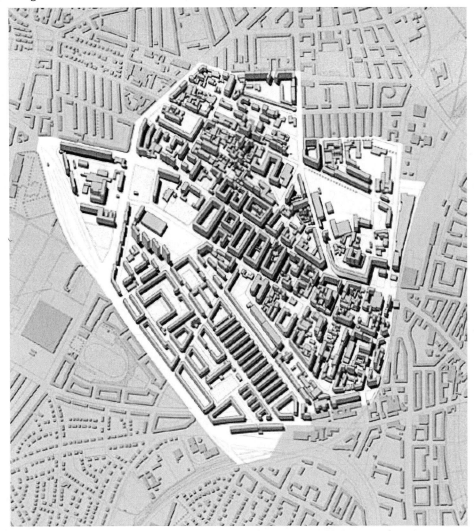

Quelle: København Kommune (c)

Abbildung 5:   Isometrische Karte des *Kvarterløft*-Gebiets *Nørrebro Park*

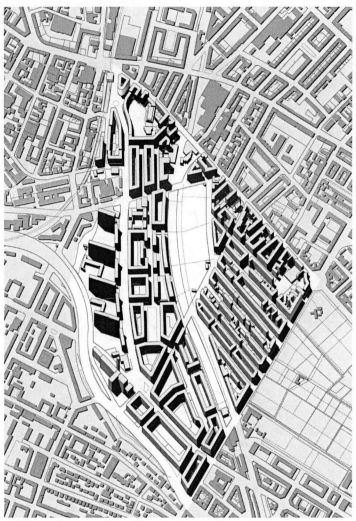

Quelle: Kvarterløft Nørrebro Park

Abbildung 6:   Großformen des sozialen Wohnungsbaus in *Nørrebro Park*

Foto links: Wolf-Christian Strauss; Quelle rechtes Foto: Kvarterløft Nørrebro Park 2002: 60

2.4 Die Programmumsetzung in Kopenhagen

In die Umsetzung des *Kvarterløft*-Programms in Kopenhagen sind eine Koordinierungsstelle und ein ressortübergreifendes Gremium auf Verwaltungsebene, ein Vor-Ort-Büro und verschiedene Arbeitsgruppen auf Quartiersebene sowie eine Steuerungsgruppe neben Stadtteilforen im intermediären Bereich involviert, die in unterschiedlich starkem Maße über Gestaltungs- und Entscheidungsspielräume verfügen (vgl. Abb. 7).

2.4.1 Organisation auf der städtischen Verwaltungsebene

Administrative Reference Group

Da die *Kvarterløft*-Projekte eine Vielzahl sektoraler Themenfelder berühren und damit unterschiedliche Ämter in der Stadtverwaltung betreffen, wurde hier eine ämterübergreifende Abstimmungsrunde *(Administrative Reference Group)* eingerichtet, in der neben dem Leiter des kommunalen *Kvarterløft*-Sekretariats (vgl. Abschnitt 2.4.1 unten) die sieben städtischen Ämter durch je mindestens eine Mitarbeiterin oder einen Mitarbeiter in zentraler Position vertreten sind (Leonardsen et al. 2003: 13). Weitere Verwaltungsakteure können bei Bedarf hinzugezogen werden. Die zentrale Aufgabe der *Administrative Reference Group* sind Informationsaustausch und Koordination zwischen den verschiedenen Ämtern. Dadurch soll gewährleistet werden, dass den *Kvarterløft*-Gebieten in jedem Amt besondere Aufmerksamkeit beigemessen wird und entsprechende Belange mit Priorität bearbeitet werden (Leonardsen et al. 2003: 13). Das Gremium hat allerdings keine „echten" Entscheidungsbefugnisse.

Die Ämter *(departments)* werden jeweils von einem Bürgermeister *(mayor)* – vergleichbar Referenten oder referatsführenden Beigeordneten in Deutschland – geleitet, die in der Regel verschiedenen politischen Parteien angehören. Es liegt nahe, dass hier unterschiedliche politische Interessenlagen vertreten werden, was die ämterübergreifende Zusammenarbeit erschwert (Leonardsen et al. 2003: 13; vgl. Abb. 7).

Finance Committee

Während die Durchführung des *Kvarterløft*-Programms in Kopenhagen organisatorisch bei der Finanzverwaltung angesiedelt ist, untersteht es politisch der Steuerung des *Finance Committee* (Leonardsen et al. 2003: 13). Die 13 Mitglieder dieses Gremiums setzen sich aus den jeweiligen Bürgermeistern der sieben städtischen Ämter sowie sechs weiteren Mitgliedern des Stadtrats zusammen (City of Copenhagen 2002: 10). Den Vorsitz des Finanzkomitees hält der Bürgermeister der Finanzverwaltung, der gleichzeitig auch Oberbürgermeister *(lord mayor)* der Stadt Kopenhagen ist. Das Finanzkomitee entscheidet über die Finanzierung sowohl der jeweiligen *Kvarterløft*-Projekte als Ganze (gemäß des aufgestellten *Kvarterplans*) als auch der thematischen Einzelprojekte innerhalb der Kvarterpläne (vgl. Abschnitt 2.4.4), die dem Komitee von der lokalen Steuerungsgruppe (vgl. Abschnitt 2.4.3) zur Entscheidung übermittelt werden (Leonardsen et al. 2003: 13; vgl. Abb. 7).

Das städtische Kvarterløft-Sekretariat

Das in der Finanzverwaltung angesiedelte städtische *Kvarterløft*-Sekretariat ist die koordinierende Schnittstelle zwischen nationaler Ebene, Stadtverwaltung und lokaler Ebene. Es koordiniert die Kopenhagener *Kvarterløft*-Projekte, organisiert die ämterübergreifende Zusammenarbeit innerhalb der Stadtverwaltung *(Administrative Reference Group)* und stellt die Kommunikation mit dem *National Urban Regeneration Secretariat (Ministry of Refugee, Immigration and Integration Affairs)* als Programmgeber und -verwalter auf nationaler Ebene her (Leonardsen et al. 2003: 10; vgl. Abb. 7). Zu den Aufgaben und Funktionen des *Kvarterløft*-Sekretariats gehören (vgl. Leonardsen et al. 2003: 13):

- Abstimmungen mit dem *Finance Committee* im Rahmen des *Kvarterløft*-Projektes,

- Organisation, Koordination und Unterstützung der ämterübergreifenden Arbeitsgruppe *(Administrative Reference Group)*,

- Koordination und Steuerung der Aktivitäten einzelner kommunaler Ämter in den *Kvarterløft*-Quartieren,

- Unterstützung der Arbeit der lokalen Projektsekretariate (vgl. Abschnitt 2.4.2),

- Kommunikation mit den lokalen Steuerungsgruppen in den *Kvarterløft*-Gebieten (vgl. Abschnitt 2.4.3),

- Übernahme der Programmverantwortung gegenüber dem Ministerium sowie

- Controlling und Berichtswesen.

2.4.2 Organisation auf der Quartiersebene

Die lokalen Projektsekretariate

In jedem Kopenhagener *Kvarterløft*-Gebiet wurde ein lokales Projektsekretariat als Basis für die Programmumsetzung auf Quartiersebene eingerichtet (vgl. Abb. 7). Organisatorisch und funktional bildet es den Kern jedes *Kvarterløft*-Projektes, und als vor Ort verankertes Büro ist es für alle Interessierten öffentlich zugänglich. Zu den Aufgaben der hier beschäftigten Mitarbeiterinnen und Mitarbeiter zählen (vgl. Leonardsen et al. 2003: 10 ff.):

- Kommunikation mit sowie Vernetzung von lokalen und lokal relevanten Akteuren,

- Initiierung von Projekten,

- Unterstützung von Projektideen aus dem Kreis von Bewohner/innen und lokalen Akteuren bzw. der thematischen Arbeits- oder Projektgruppen,

- Unterstützung der lokalen Steuerungsgruppe (vgl. Abschnitt 2.4.3),

- Aktivierung der Quartiersbevölkerung und Aufbau von Beteiligungsprozessen sowie

- generell die moderierende, vermittelnde, steuernde und auch fachliche Begleitung aller lokalen Prozesse im Rahmen der Stadtteilerneuerung.

Abbildung 7: Management und Organisation der Umsetzung des Programms *Kvarterløft* in Kopenhagen für Projekte der 2. Programmrunde

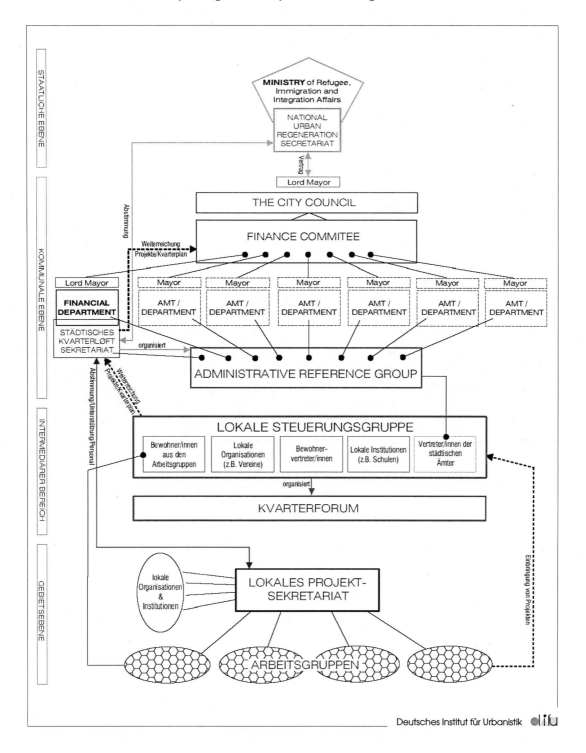

Deutsches Institut für Urbanistik difu

Das lokale Projektsekretariat vermittelt zwischen den (sektoralen) Interessen der verschiedenen Ämter, den unterschiedlichen lokalen Akteuren sowie zwischen der Verwaltungs- und der lokalen Ebene. Damit nimmt es die Funktion einer „Pufferzone" zwischen Verwaltungs- und Quartiersebene ein. Außerdem hat es die Aufgabe, Ressourcen zu bündeln und zusätzliche Fördermittel einzuwerben.

Dieses umfangreiche Aufgabenspektrum lässt sich nur bewältigen, weil die lokalen Projektsekretariate personell sehr gut ausgestattet sind. Dabei variieren Anzahl und Zusammensetzung der Beschäftigten je nach *Kvarterløft*-Projekt, denn die Probleme und Potenziale und damit auch die Schwerpunkte der Programmumsetzung in den einzelnen Quartieren unterscheiden sich von Fall zu Fall. Der Projektkoordinator und die Kernbesetzung des lokalen Projektsekretariats sind stets Angestellte der Stadt, die zwar formal zum städtischen *Kvarterløft*-Sekretariat gehören, aber vor Ort im Quartier arbeiten. Der Projektkoordinator ist folgerichtig auch nur der *Local Steering Group* im intermediären Bereich gegenüber verantwortlich (vgl. Abschnitt 2.4.3), nicht aber der städtischen Finanzverwaltung.

Abbildung 8:   Die lokalen Projektsekretariate in *Nord-Vest* und *Nørrebro Park*

Fotos: Wolf-Christian Strauss

Im Kopenhagener *Kvarterløft*-Gebiet *Kongens Enghave* als Beispiel für die erste Programmrunde wurde die Stammbesetzung – Projektkoordinator, Architekt und Sekretärin – im Laufe der Programmumsetzung durch weitere Mitarbeiter/innen und Berater/innen für bestimmte thematische Projekte (Bürgerberatung, Stadterneuerung, Umweltarbeit usw.) auf zeitweilig bis zu siebzehn Personen erweitert. Diese waren teilweise auch bei anderen Institutionen als der Verwaltung angestellt, verstanden sich aber dennoch als zusammengehöriges lokales Team für den Stadterneuerungsprozess (Leonardsen et al. 2003: 20). Das *Kvarterløft*-Projekt *Nord-Vest* als Beispiel für die zweite Programmrunde hat derzeit sechs Beschäftigte, die von verschiedenen Ämtern eigens für die Programmdurchführung eingestellt wurden. Bei der Personalauswahl spielten insbesondere Erfahrungen mit dem Projektgebiet und/oder Stadterneuerungsprozessen eine zentrale Rolle. Im benachbarten Quartier *Nørrebro Park Kvarter* schließlich arbeiten bis zu 14 Personen für das lokale Projektsekretariat oder kooperierende Einrichtungen. Alle Mitarbeiterinnen und Mitarbeiter werden vom Projektsekretariat finanziert.

Arbeitsgruppen auf Quartiersebene

Die unterste Ebene im Implementierungsprozess des *Kvarterløft*-Programms wird von (thematischen) Arbeitsgruppen *(working groups, theme groups)* gebildet, die vor allem im Laufe der ersten Stufe der Programmumsetzung (Planungsphase: *neighbourhood planning stage)* im Rahmen von Aktivierungs- und Beteiligungsprozessen im Quartier gegründet werden (vgl. Abb. 7). Sie setzen sich aus interessierten Bewohnerinnen und Bewohnern sowie lokalen und lokal relevanten Akteuren zusammen, die konsensorientiert themen- oder projektbezogene Vorschläge erarbeiten, welche nach zum Teil aufwändigen öffent-lichen Diskussions- und Priorisierungsverfahren in den *Kvarterplan* – vergleichbar einem Integrierten Handlungskonzept (siehe Abschnitt 2.4.4) – einfließen (vgl. Leonardsen et al. 2003: 21 f.).

Viele Arbeitsgruppen bleiben über die erste Planungsphase hinaus bestehen und nehmen sich im Verlauf der Quartiersentwicklung der weiteren Bearbeitung eines bestimmten Themas an. Andere Gruppen entstehen erst im Verlauf des Umsetzungsprozesses, wenn neue Projektideen hinzukommen oder die Realisierung beispielsweise von Stadtteilfesten ansteht. Dabei sind einige Arbeitsgruppen sogar mit einer gewissen Entscheidungskompe-tenz über Finanzmittel ausgestattet. Dies gilt in *Nord-Vest* beispielsweise für eine Arbeits-gruppe zu Sanierungsfragen, die über die Mittelvergabe an Eigentümer für bauliche Sa-nierungsmaßnahmen entscheidet und auch Standards für die Maßnahmenrealisierung festlegt. Außerdem entscheidet dort eine Arbeitsgruppe aus Bewohnerinnen und Bewoh-nern über die Mittelvergabe aus einem „Verfügungsfonds".

Abbildung 9:   Arbeitsgruppensitzung im lokalen Projektsekretariat in *Nord-Vest*

Quelle: Styregruppen for Kvarterløft Nord-Vest 2004: 8

2.4.3 Organisation im intermediären Bereich

Local Steering Groups

In der lokalen Steuerungsgruppe *(Local Steering Group)* eines jeden *Kvarterløft*-Projektes werden die Projekt- und Maßnahmenvorschläge aus den Arbeitsgruppen diskutiert (vgl. Abb. 7). Die Steuerungsgruppe kann die Arbeitsgruppen dazu auffordern, ihre Vorschläge nochmals zu überarbeiten, was allerdings in der Realität kaum vorkommt. Erzielt eine Arbeitsgruppe keinen Konsens über ihre Vorschläge, kann die lokale Steuerungsgruppe zur Konfliktlösung angerufen werden. Erst nach Zustimmung dieses Gremiums werden Maßnahmen- und Projektideen an das städtische *Kvarterløft*-Sekretariat weitergereicht (vgl. ENSURE 2003: 9; Leonardsen et al. 2003: 32). Leonardsen et al. (2003: 32) betonen, dass die lokalen Steuerungsgruppen als Entscheidungsgremium vor Ort und insbesondere von den Arbeitsgruppen in hohem Maße akzeptiert werden.

Die lokalen Steuerungsgurppen sind in allen Kopenhagener Gebieten der zweiten Programmrunde ähnlich zusammengesetzt und unterscheiden sich lediglich in der Anzahl der beteiligten Personen. Vertreterinnen und Vertreter folgender Gruppierungen sind stets beteiligt (Leonardsen et al. 2003: 32):

- thematische Arbeitsgruppen (Bewohnerinnen und Bewohner),

- verschiedene Wohnformen – Sozial- und Genossenschaftswohnungen sowie Wohnungs-/Hauseigentum (Bewohnerinnen und Bewohner),

- lokale (kommunale) Einrichtungen wie Schulen und Bibliotheken oder lokale Einrichtungen der Sozialverwaltung,

- lokale Organisationen wie Agenda-21-Gruppen oder Hauspartnerschaften sowie

- Ämter der Stadtverwaltung (Beobachterstatus ohne Stimmrecht).

Obwohl die lokalen Steuerungsgruppen über keine formalen Entscheidungskompetenzen verfügen, folgt die Kommunalpolitik in der Regel ihren Empfehlungen.

Abbildung 10: Lokale Steuerungsgruppen in den *Kvarterløft*-Gebieten *Nørrebro Park* und *Nord-Vest*

Quellen: Kvarterløft Nørrebro Park 2002: 43, Kvarterløft Nord-Vest (b)

Kvarterforum

Das *Kvarterforum* ist eine Informations- und Diskussionsplattform zur Entwicklung von Ideen, Maßnahmen und Projekten in jedem Programmgebiet (vgl. Abb.7). An den mindestens zweimal im Jahr stattfindenden Veranstaltungen („thinktanks") können alle lokal Interessierten bzw. in die Programmumsetzung involvierten Akteure teilnehmen. Das Forum hat lediglich Beratungsfunktionen und wird von der jeweiligen *Local Steering Group* organisiert (Kvarterløft Nord-Vest [a]). Vor allem zu Beginn des *Kvarterløft*-Prozesses konnten im Rahmen von Beteiligungsveranstaltungen regelmäßig 250 bis 300 Teilnehmerinnen und Teilnehmer erreicht werden.

Abbildung 11:   Kvarterforum im Kvarterløft-Gebiet Nørrebro Park

Quelle: Kvarterløft Nørrebro Park 2002: 46

2.4.4 Der Kvarterplan

Das erste Jahr der Programmumsetzung dient vor allem dazu, einen für die gesamte Projektlaufzeit gültigen integrierten Quartiersentwicklungsplanes *(Kvarterplan)* für jedes Gebiet zu erarbeiten. Dieser Prozess wird vom lokalen Projektsekretariat – sozusagen als erste größere „Amtshandlung" – durch offene Beteiligungsveranstaltungen insbesondere für die lokale Quartiersbevölkerung initiiert. In den thematischen Arbeitsgruppen, die hieraus hervorgehen, werden Vorschläge für Projekte und Maßnahmen formuliert und mit Unterstützung des lokalen Projektsekretariats strukturiert sowie entwurfsgerecht dokumentiert. Die lokale Steuerungsgruppe regt gewöhnlich eine Priorisierung der Maßnahmen- und Projektvorschläge mit Blick auf die realen Finanzierungsmöglichkeiten an. Die priorisierten Vorschläge fließen schließlich in den *Kvarterplan* ein, der – nachdem ihn die lokale Steuerungsgruppe akzeptiert hat – an das städtische *Kvarterløft*-Sekretariat weitergeleitet wird. Bei diesem Verfahren gab es bisher nur selten Veränderungswünsche seitens der Verwaltung, was insbesondere von den Programmverantwortlichen auf kommunaler Seite als großer Erfolg für den dialogorientierten Prozess gewertet wird. Die Planungsphase findet also unter starker Beteiligung von Bewohner/innen, sonstigen lokalen Akteuren und der Steuerungsgruppe im Dialog mit den Ämtern statt, während die Lokalpolitik in diesem Programmstadium zunächst außen vor bleibt (vgl. Leonardsen et al. 2003: 21 f.; København Kommune [b]).

Abbildung 12: Titelseiten der Kvarterpläne für die Projekte *Nørrebro Park* und *Nord-Vest*

Quellen: Kvarterløft Nørrebro Park 2002: 1; Kvarterløft Nord-Vest 2002: 1

Jeder *Kvarterplan* ist normalerweise in die fünf Themenbereiche Stadterneuerung, Sport und Kultur, Umwelt, Beschäftigung sowie Soziales und Gesundheit unterteilt. Er enthält neben Vorschlägen für konkrete Maßnahmen und Projekte auch Angaben über die Höhe der benötigten Finanzmittel. Der *Kvarterplan* wird nach Stellungnahmen der verschiedenen Ämter schließlich im *City Council* diskutiert und beschlossen – inklusive des Budgets für die Gesamtlaufzeit des jeweiligen *Kvarterløft*-Projektes. Der beschlossene Plan hat den Charakter eines Vertrages (insbesondere über den Mitteleinsatz) zwischen Verwaltung und lokaler Ebene. Während der fünfjährigen Umsetzungsphase *(implementation stage)* können durchaus kleinere Projektmodifikationen von der lokalen Ebene in Eigenregie vorgenommen werden. Größere Veränderungen, die den Gesamtcharakter des *Kvarterplanes* verändern würden, müssen allerdings mit dem *City Council* und dem Ministerium abgestimmt werden.

2.4.5 Finanzierung auf lokaler Ebene

Die Kopenhagener *Kvarterløft*-Projekte werden zu einem Drittel aus staatlicher Förderung und zu zwei Dritteln aus kommunalen Mitteln finanziert. Dabei werden die kommunalen Komplementärmittel bereits vor Programmbeginn aus dem *Town Renewal Fund* der Stadt Kopenhagen – einem Teil des kommunalen Budgets – bereitgestellt. Obwohl diese Finanzierungsquelle zur Verfügung steht, müssen die einzelnen involvierten Ämter in der jüngsten *Kvarterløft*-Runde („dritte Generation") ein Drittel der Gesamtsumme eigenständig aufbringen, wodurch eine verbindlichere Einbeziehung dieser Ressorts in die integrative Quartiersentwicklung erreicht werden soll *(ownership)*.

Im Rahmen des *Kvarterløft*-Ansatzes wird das gesamte Budget zu Beginn der Programmumsetzung der lokalen Ebene zweckgebunden zur Verfügung gestellt *(fixed budget)*. Für *Nørrebro Park* sind dies insgesamt knapp 25 Millionen Euro, wobei diese Summe in den Bereich Stadterneuerung (knapp 19 Millionen Euro) sowie ein nicht zweckgebundenes Budget (gut 6 Millionen Euro) unterteilt ist. Aus Letzterem werden integrierte Projekte im nicht-städtebaulichen Bereich (4,4 Millionen Euro), die Bereiche Beteiligung und Informationsarbeit sowie das lokale Projektsekretariat finanziert (1,6 Millionen Euro). Das Gebiet *Nord-Vest* verfügt insgesamt über gut 20 Millionen Euro. Auch hier fließt der Großteil in baulich-städtebauliche Maßnahmen (16 Millionen Euro). Für die Finanzierung integrierter Projekte stehen 3,1 Millionen Euro zur Verfügung sowie weitere 1,3 Millionen Euro für Beteiligung, Informationsarbeit und die Finanzierung des lokalen Projektsekretariats (vgl. Leonardsen et al. 2003: 52; København Kommune/By- og Boligministeriet 2001a: 2).

Das nicht zweckgebundene Budget beider Gebiete wird vom städtischen *Kvarterløft*-Sekretariat verwaltet und steht damit unter Aufsicht des inhaltlich neutralen *Finance Commitee*. Die lokalen Steuerungsgruppen können im Rahmen des *Kvarterplan* Vorschläge zur Verwendung dieser Mittel einreichen, die insbesondere für Ad-hoc-Maßnahmen mit schnell sichtbarem Ergebnis wie Veranstaltungen oder kleinere bauliche Vorhaben eingesetzt werden. Zwischen dem Stadterneuerungs- und dem zweckungebundenen Budget sind keine Verschiebungen möglich.

2.4.6 Verstetigung

Das letzte Jahr der Programmumsetzung dient dazu, über den generellen Fortbestand einzelner Projekte nachzudenken und nach Möglichkeiten ihrer Verstetigung zu suchen *(anchoring stage)*. Eine Option ist dabei stets die „Übernahme" einzelner Projekte durch ein Verwaltungsressort. Generell ist die Frage der Nachhaltigkeit bereits zu Programmbeginn zu berücksichtigen, wobei allerdings genügend Spielräume für „Experimente" während der Programmumsetzungsphase offen gelassen werden sollen.

Unter dem Aspekt der Nachhaltigkeit hat sich die Einrichtung eines Quartiershauses als physischer Ankerpunkt auch nach Ende der Projektlaufzeit bewährt, in dem zumindest ein kleiner Teil des lokalen *Kvarterløft*-Personals weiterbeschäftigt wird. Mit einer dauerhaften Minimalbesetzung von ein bis zwei Personen kann vor allem an der Aufrechterhaltung lokaler Netzwerke gearbeitet werden, wie Erfahrungen in den drei bereits abgeschlossenen *Kvarterløft*-Projekten zeigen.

Abbildung 13:   Beispiel für ein Quartiershaus im abgeschlossenen Kopenhagener *Kvarterløft*-Projekt *Holmbladsgade*

Quelle: Kvarterhuset Holmbladsgade

2.5   Einschätzungen der Programmumsetzung aus Sicht dänischer Akteure

Generell stößt das *Kvarterløft*-Programm sowohl bei allen befragten Interviewpartnern als auch in der Fachliteratur auf eine große positive Resonanz. Allerdings werden zu Teilaspekten auch Kritikpunkte geäußert:

Mit Blick auf die *übergeordnete Ebene des Landes* äußern sich mehrere Interviewpartner kritisch zum inhaltlichen und organisatorischen Wandel der dänischen Stadt(erneuerungs)politik: Ursprünglich lag die Zuständigkeit für das *Kvarterløft*-Programm auf nationaler Ebene beim *Ministry for Housing and Urban Affairs*, in dem auch das *National Urban Regeneration Secretariat* sowie das *National Urban Committee* angesiedelt waren. Hier sei an einer stringenten Stadtentwicklungspolitik nicht nur für die Problembewältigung im Zusammenhang mit Stadterneuerung, sondern beispielsweise auch im Bereich Wirtschaftsentwicklung gearbeitet worden. Nach dem Regierungswechsel im Jahr 2001 wurde dieses Ministerium allerdings abgeschafft, und die Verantwortung für *Kvarterløft* ging auf das *Ministry of Refugee, Immigration and Integration Affairs* über. Damit sei es zu einem allgemeinen Bedeutungsverlust städtischer Belange (insbesondere auch von integrativen Stadterneuerungsansätzen) in Dänemark gekommen: „The whole urban issue was drastically weakened in Denmark, there is no urban policy in Denmark anymore", kommentiert ein Gesprächspartner diese Entwicklung.

Ob diese Umstrukturierung ein Zeichen dafür ist, dass sich auch die inhaltliche Ausrichtung des *Kvarterløft*-Programms von integrativen Ansätzen zu einer stärkeren Fokussierung auf Fragen der Integration von Migrant/innen verschiebt, sehen die Interviewpartner unterschiedlich: Auf der einen Seite spreche die organisatorische Verortung in einem spezifisch für Immigrationsfragen zuständigen Ministerium für sich, auf der anderen Seite seien zum Zeitpunkt des Regierungswechsels die einzelnen *Kvarterløft*-Vorhaben – und damit auch deren inhaltliche Ausrichtung – bereits beschlossen gewesen. Ein Interviewpartner merkt an, dass die Unterstützung durch das Ministerium in der ersten *Kvarterløft*-Runde deutlich stärker gewesen sei als heute. Insbesondere vor dem Hintergrund politischer Richtungswechsel wird die bereits zu Programmbeginn auf sieben Jahre festgelegte Budgetierung als positiv im Sinne von Sicherheit und Kontinuität gesehen.

Generell werden die *Strukturvorgaben des Ministeriums* zur Durchführung des Programms insbesondere auf der Verwaltungsebene als sehr hilfreich angesehen. Aus der externen Sicht von Skifter Andersen et al. (2000: 14) stellt es sich jedoch als durchaus problematisch heraus, dass die Kombination von strikten Vorgaben und zeitlicher Limitierung der Programmlaufzeit den Kommunen unter Umständen zu wenig Spielraum lassen könnte, auf Basis eigener Konzepte und mit den dafür tatsächlich notwendigen Zeithorizonten zu nachhaltigen Lösungen zu kommen: „Central Government sets the overall framework for a time-limited effort, but when programme funding comes to an end, the individual municipalities are still left with the neighbourhoods and possible unsolved problems and now without any additional funding" (Skifter Andersen et al. 2000: 14).

Insbesondere die *zeitliche Befristung des gesamten Programmansatzes* auf eine Laufzeit von sieben Jahren stößt bei den Akteuren der Programmumsetzung auf eine geteilte Meinung: Auf der einen Seite sei ein Abbruch des Prozesses nach sieben Jahren problematisch, weil unter Umständen mehr Zeit benötigt wird. Auf der anderen Seite seien die Kapazitätsgrenzen des *Kvarterløft*-Ansatzes nach Ablauf dieses Zeitraums erreicht. Sollten dann noch immer keine positiven Ergebnisse in den benachteiligten Gebieten festzustellen sein, müssten vollkommen andere Ansätze ausprobiert werden wie beispielsweise eine Streckung der Finanzmittel auf einen größeren Zeitraum, um im Laufe des Prozesses neue Gruppen aktivieren zu können. Generell sei die zeitliche Befristung auch notwendig, damit sich alle Akteure darüber klar werden könnten, dass die Phase der Sonderförderung zu einem bestimmten Zeitpunkt endet und die Finanzierung von Maßnahmen und Projekten danach auf ein normales Level zurückgeführt wird: „We'll leave after seven years and only what's strong enough to live by itself will live" meint ein lokaler Projektmanager dazu. Allerdings wird oft im gleichen Atemzug die Sorge um die Aufrechterhaltung der bisher aufgebauten Strukturen thematisiert. Die Einrichtung eines Quartierszentrums mit personeller Mindestbesetzung wird von mehreren Gesprächspartnern dafür als unerlässliche Voraussetzung gesehen. Vor Ort sei eine Vielzahl von Netzwerken und persönlichen Kontakten entstanden, wobei es sich aber kaum abschätzen lasse, inwieweit diese Strukturen fortbestehen, geschweige denn das Gebiet auch in Zukunft verändern könnten. Ein Projektmanager auf der lokalen Ebene sieht seine Arbeit „lediglich" als Initiative für potenziell selbsttragende Strukturen, wobei die weitere Entwicklung in starkem Maße von der wirtschaftlichen Entwicklung der Gesamtstadt abhänge. Mehrere Vertreter der Quartiersebene bemerken, dass man auch nach Auslaufen der Sonderförderung vergleichsweise leicht unterschiedliche Interessengruppen für einzelne Aktivitäten wie beispielsweise Parkpflege oder die Organisation von Festen werde gewinnen können. Dass dies gleichbedeutend mit nachhaltigen Organisationsstrukturen auf der lokalen Ebene ist, wurde allerdings teilweise bezweifelt.

Die meisten kritischen Anmerkungen zur Programmumsetzung beziehen sich auf die Organisation auf kommunaler Ebene – und hier besonders auf Fragen der *ressortübergreifenden Zusammenarbeit*. Diese wird generell als eher schwierig eingeschätzt, unter anderem weil sich einzelne, bisher eher autonom agierende Ämter nur zögerlich in die integrative Stadtteilentwicklung einbinden lassen. Als generelles Problem wird in diesem Zusammenhang das politische System der Stadt Kopenhagen gesehen: Aufgrund der Tatsache, dass die *departments* von politischen Repräsentanten *(mayors)* mit je unterschiedlicher Parteizugehörigkeit geleitet werden, kommt es zwischen ihnen zu Abgrenzungstendenzen und damit zu einer nur ungenügenden Zusammenarbeit, wie mehrere Interviewpartner sowohl auf der Verwaltungs- als auch auf der Quartiersebene betonen. Durch dieses System werde die Entstehung einer integrativen Verwaltungskultur erschwert.

Die Probleme der ressortübergreifenden Zusammenarbeit spiegeln sich auch auf der lokalen Quartiersebene wider, wo zwar Mitarbeiterinnen und Mitarbeiter verschiedener Ämter dezentral tätig sind, allerdings auch hier meist nur eingeschränkt kooperieren, wie in einigen Interviews deutlich wurde: „It's the departments apart from each other that try to make their own experiences" und „So many people from the municipality are running around doing the same things without coordination". Auf der anderen Seite wird mehrfach betont, dass das Fehlen formeller Kooperationsstrukturen oftmals durch sehr gute individuelle Kontakte zwischen einzelnen Mitarbeiterinnen und Mitarbeitern unterschiedlicher Verwaltungsressorts kompensiert wird.

Ansätze einer „echten" integrativen Vorgehensweise werden nach Ansicht mehrerer Gesprächspartner auch durch die Budgetpolitik der einzelnen Ämter verhindert: So herrsche in vielen Ämtern die Meinung vor, der integrative Ansatz müsse allein aus *Kvarterløft-*

Mitteln finanziert werden, nicht aber aus den Ressorts selbst. Immer dann, wenn es um den Einsatz zusätzlicher Ressortmittel in den Gebieten gehe, würden den ressortübergreifenden Gremien darüber keine Entscheidungsbefugnisse zugestanden. Die Ansiedlung des für ressortübergreifendes Handeln zuständigen *Kvarterløft*-Sekretariats in der Finanzverwaltung habe dieses Problem nicht gelöst .

Hinzu kommt, dass – auch wenn dem integrativen Ansatz positiv gegenüber gestanden wird – aufgrund der strikten und in der Regel bereits längerfristig verplanten Ressortmittel kaum spontan auf der Quartiersebene vorgeschlagene Projekte finanziert werden können, wie ein lokaler Projektmanager ausführt. Schließlich gebe es auf Verwaltungsebene die Tendenz, nach Ende der siebenjährigen Förderperiode die bisher an *Kvarterløft* gebundenen kommunalen Mittel auf andere Stadtteile zu fokussieren, was sich für die Nachhaltigkeit einiger Projekte unter Umständen als sehr problematisch herausstellen könnte, warnt ein Interviewpartner. So seien zwar während der ersten *Kvarterløft*-Phase viele Versprechungen von Verwaltungsseite gemacht worden, soziale und kulturelle Projekte fortzuführen. Nach Einschätzung des Evaluators ist dies allerdings nicht garantiert.

Als generelle Schwierigkeiten der *vertikalen Kooperation* zwischen *Verwaltungs- und Quartiersebene* nennen Leonardsen et al. (2003: 15 f.) die an vielen Stellen mangelnde Kompatibilität von Verwaltungsroutinen und Vor-Ort-Prozessen (z.B. unterschiedliche Planungen und Prioritäten auf beiden Seiten, Jährlichkeitsprinzip der Verwaltungsbudgetierung vs. Finanzierungsvorstellungen vor Ort). Die Autoren stellen fest, dass die Verwaltung zwar gelernt hat, die Quartiersbevölkerung und andere lokal wirksame Akteure an Fragen der Stadt(teil)erneuerung zu beteiligen. Problemlösungen würden allerdings nach wie vor überwiegend innerhalb einzelner Amtsbereiche entschieden. Auch zeigt sich, dass die Abstimmungsprozesse auf der lokalen Umsetzungsebene sowie der Aufbau von Kooperationsbeziehungen zwischen lokaler und Verwaltungsebene vergleichsweise viel Zeit benötigen: „There is a long way from the first slender ideas via project development to the final implementation of the ideas" (Leonardsen et al. 2003: 14). Dies war auch der Grund für die Laufzeitverlängerung der ersten *Kvarterløft*-Runde von ursprünglich fünf auf – heute für alle Projekte gültige – sieben Jahre durch das ehemalige *Ministry of Urban and Housing Affairs* (Leonardsen et al. 2003: 14).

Viele Interviewpartner heben positiv hervor, dass der Großteil der in den Gebieten entwickelten Projekte ohne Änderungswünsche von der Verwaltung akzeptiert wurde. Es gebe seitens der Verwaltung kaum Bestrebungen, diesen Vorschlägen den „eigenen Stempel aufzudrücken". Sollten doch Unklarheiten bestehen, werde stets Rücksprache mit der Lokalen Steuerungsgruppe gesucht, wie Vertreter der lokalen Ebene bestätigen. Vereinzelt wird jedoch kritisiert, dass lange Bearbeitungszeiten in der Verwaltung und im *City Council* problematisch für die Quartiersebene sein können. Deutliche Kritik am Verhältnis zwischen Verwaltung und lokaler Ebene äußert ein Vertreter einer Lokalen Steuerungsgruppe: Aus seiner Perspektive kann das Hauptinteresse der Verwaltung, stets konsensuale Entscheidungen auf Seiten der Bewohner/innen und lokalen Akteure zu erzielen, lediglich als Pazifizierungsstrategie interpretiert werden: „It's like telling people: you get this money if you keep quiet". Vielmehr müsse auch Dissens ermöglicht und zugelassen werden: „Different groups in the area have different wishes".

In Bezug auf *Aktivierung und Beteiligung* stellen Skifter Andersen et al. (2000: 14) fest, dass der Programmansatz zwar die Beteiligung möglichst der gesamten lokalen Bewohnerschaft vorsieht, sich in der Realität jedoch nur einige Gruppen tatsächlich beteiligen. Ein Verwaltungsvertreter macht darauf aufmerksam, dass für ein höheres Maß an Erreichbarkeit – beispielsweise als Ergebnis umfangreicher Aktivierungsmaßnahmen – die notwendigen Ressourcen fehlen. Voraussetzung für kurzfristig erfolgreiche Beteiligungsprozesse sei in jedem Falle eine bereits im Gebiet vorhandene „Beteiligungstradition", was bei etwaigen Zielformulierungen und auch Programmevaluierungen berücksichtigt werden müsse.

In einem Interview wurde darauf hingewiesen, das Ziel, die Lebenssituation in den teilnehmenden Quartieren innerhalb von sieben Jahren zu verbessern sowie Stadtteilentwicklungsprozesse in Gang zu setzen, sei nur deshalb nicht unrealistisch, weil sich Kopenhagen derzeit in einer wirtschaftlichen Wachstumsphase befinde. Der Ansatz ziele daher vorrangig darauf ab, die benachteiligten Stadtteile an diesem „Boom" teilhaben zu lassen.

2.6 Veränderungsbedarfe aus Sicht der Befragten in Kopenhagen

Betrachtet man die Äußerungen der Interviewpartner zur Notwendigkeit von Veränderungen an Konzeption, Verfahren und Organisation der Programmumsetzung, kristallisieren sich zehn zentrale Punkte heraus, wobei es sich in manchen Fällen um Einzelaussagen, in anderen um die Zusammenfassung ähnlich lautender Stellungnahmen mehrerer Gesprächspartner handelt:

- *Entwicklung einer Vision/klarer Leitbilder für den Stadtteil* unter Einbeziehung aller relevanten Akteure sowohl auf der Verwaltungs- als auch der Quartiersebene; Funktion des Leitbilds als Orientierungsrahmen für beide Ebenen und als Grundlage für deren Zusammenarbeit; Klärung der (zukünftig gewünschten) Funktion des Gebiets im gesamtstädtischen Kontext.

- *Umfangreiche Problem- und Potenzialanalyse* als Voraussetzung für den Mitteleinsatz; stärkere Berücksichtigung der Außenwahrnehmung des Gebietes bei der Problemdefinition; stärkere Fokussierung des Programms auf Kernprobleme.

- *Stärkung der Administrative Reference Group* durch Besetzung dieses Gremiums mit entscheidungsbefugten Vertreter/innen der *departments* sowie eine stringentere Organisation der Zusammenarbeit.

- *Stärkere „In-die-Pflicht-Nahme" einzelner Ämter*, sich (auch finanziell) über die Regelaufgaben hinaus in die integrative Stadtteilentwicklung einzubringen.

- *Stärkere Dezentralisierung von Entscheidungskompetenzen auf die lokale Ebene.*

- *Ausweitung von* Empowerment *auf der Quartiersebene* unter anderem durch die Intensivierung aufsuchender Arbeit, die Anpassung von Themen und Beteiligungsformen an die Kompetenzen besonders benachteiligter Gruppen (Erreichbarkeit), Vermittlung von Moderations-, Mediations- und Kommunikationstechniken an lokale Akteure (Professionalisierung); Bereitstellung der dafür notwendigen (Personal-)Ressourcen.

- *Anpassung von Mittelausstattung und Laufzeit des Programms* an die realen Gegebenheiten in den Kommunen/Gebieten, um tatsächlich alle bedürftigen Gebiete unterstützen, wichtige „Leuchtturmprojekte" realisieren sowie Kernprobleme auch jenseits vorgegebener Zeitrestriktionen angemessen bearbeiten zu können.

- *Intensivere Vorbereitung der Programmendphase* unter anderem durch eine bessere Organisation der lokalen Ebene auch jenseits der *Kvarterløft*-Strukturen; Errichtung von Quartiershäusern als Voraussetzung für den Fortbestand von Projekten und Netzwerken nach Auslaufen des Programms; Gewährleistung eines Personalbesatzes von zwei bis drei Personen in den Quartiershäusern über das Programmende hinaus.

- *Entwicklung realistischer Indikatoren für die Messung von Programmerfolgen* insbesondere für den kaum zu quantifizierenden Bereich Aktivierung/Beteiligung/*Empowerment*/Erreichbarkeit.

- *Einrichtung eines kontinuierlichen Monitoring-Systems* im Zuge der *Anchoring*-Phase und nach Programmende; Überprüfung quantitativer Daten durch qualitative Informationen.

3. Grätzelmanagement in Wien

Anders als in Dänemark und Kopenhagen gibt es in Österreich kein nationales Förderprogramm für integrative Stadtteilentwicklung. Solche Ansätze werden hier auf kommunaler Ebene vor allem im Rahmen von EU-Förderungen erprobt. Neben der URBAN II-Förderung in Graz handelt es sich dabei insbesondere um die Pilotprojekte *Grätzelmanagement* im Zusammenhang mit der Ziel-2-Förderung im Wiener 2. und 20. Bezirk. Zur Darstellung dieser Ansätze in der vorliegenden Untersuchung wurden – wie bereits im Fall Kopenhagens – Dokumente und Fachveröffentlichungen herangezogen (vgl. entsprechende Quellenverweise) sowie Sachinformationen von Interviewpartnern genutzt, die auch hier ohne gesonderte Kennzeichnung in den Bericht übernommen wurden.

3.1 Ausgangslage und Anlässe für integrative Stadtteilentwicklung in Wien

Bevölkerungsentwicklung

In Österreich leben gut 8 Millionen Menschen (Stand 12/03), davon knapp 1,6 Millionen – also annähernd 20 Prozent – in Wien als mit Abstand größter Stadt des Landes (Statistik Austria), die mit ihren 23 Bezirken seit 1922 den Status eines eigenen Bundeslandes innehat. Nimmt man die Bevölkerung der Bundesländer Niederösterreich und Burgenland – dessen östliche Grenze fast bis an die slowakische Hauptstadt Bratislava heranreicht – hinzu, umfasst der so definierte Verflechtungsraum der *Vienna Region* knapp 3,3 Millionen Einwohner/innen, rund 42 Prozent der österreichischen Bevölkerung (Stadt Wien 2005: 40). Damit ist dieser Großraum im Landeskontext ähnlich bedeutsam wie die Region Kopenhagen für Dänemark.

In den 1990er-Jahren verzeichnete die Stadt Wien zwei unterschiedliche Phasen der Bevölkerungsentwicklung: Der starken Zuwanderung von Migrant/innen aus dem ehemaligen Jugoslawien sowie anderen Transformationsstaaten während der ersten Hälfte der Dekade folgt seit Mitte der 1990er-Jahre ein leichter Bevölkerungsrückgang, „da in weiterer Folge der Ausländerzuzug stark beschränkt wurde" (Stadt Wien 2005: 43). Insgesamt ist der Ausländeranteil an der Wiener Bevölkerung von 12,8 Prozent im Jahr 1990 auf knapp 18 Prozent in 2004 gestiegen, wobei in einigen Stadtbezirken deutlich mehr als 20 Prozent Nicht-Österreicher leben. Die größten Migrantenanteile werden von Bevölkerungsgruppen aus Serbien und Montenegro, gefolgt von Türken, gestellt (Stadt Wien 2005: 43; Stadt Wien [h]).

Trotz starker Suburbanisierungstendenzen innerhalb der *Vienna Region* wird für die Kernstadt Wien bis zum Jahr 2031 ein Bevölkerungszuwachs von 7 Prozent prognostiziert, der nach wie vor maßgeblich auf Zuwanderung aus dem Ausland basieren wird (Stadt Wien 2005: 41).

Wirtschafts- und Beschäftigungsentwicklung

Wien ist das bedeutendste Wirtschaftszentrum Österreichs (27 Prozent der österreichischen Wertschöpfung, 23 Prozent aller Arbeitsplätze, 25 Prozent aller Beschäftigten). Allerdings war und ist die Stadt – wie alle industriell geprägten Agglomerationsräumen Westeuropas – von einem tief greifenden Strukturwandel betroffen, der unter anderem mit Arbeitsplatzverlusten in der verarbeitenden Industrie sowie einem Anstieg der Beschäftigungsmöglichkeiten im Dienstleistungssektor (oftmals verbunden mit höheren Qualifikationsanforderungen) einher ging und geht. Der tertiäre Sektor hat heute einen Anteil von rund 80 Prozent an der Wirtschaftsstruktur Wiens (Stadt Wien 2005: 142 f.)

Die Entwicklung des Dienstleistungssektors konnte die Arbeitsplatzverluste im produzierenden Sektor allerdings nicht kompensieren, weshalb insbesondere weniger Qualifizierte – dies trifft vor allem auch auf Migrant/innen zu – in steigendem Maße von Arbeitslosigkeit betroffen sind (vgl. Stadt Wien 2005: 147). Die Arbeitslosenquote liegt in Österreich bei 7,1 Prozent (Migrant/innen: 10,0 Prozent) und zeigt gegenüber den Vorjahren die Tendenz eines leichten Anstiegs (2002: 6,9 Prozent, 2001: 7,0 Prozent). Von den neun österreichischen Bundesländern weist Wien die höchste Quote mit 9,8 Prozent (Migrant/innen: 13,6 Prozent; Stadt Wien [h]) auf – hier ist außerdem der Zunahmetrend etwas deutlicher als im österreichischen Durchschnitt (2002: 9,0 Prozent, 2001: 9,5 Prozent; Statistik Austria; vgl. auch Stadt Wien 2005: 147 f.).

Herausbildung benachteiligter Stadtteile

Diese Indikatoren für sozio-ökonomische Problemlagen zeigen für Wien zwar relativ geringe Werte auf – vor allem im Vergleich mit der Situation in Deutschland –, allerdings ist auch in der österreichischen Hauptstadt die Tendenz einer Problemverschärfung festzustellen. Die räumliche Konzentration nicht nur sozialer, sondern auch baulich-städtebaulicher Problemlagen führt auch hier zur Herausbildung benachteiligter Stadtteile. So wird in dem Evaluationsbericht zu den Grätzelmanagements (vgl. Abschnitt 3.2 unten) von einer Häufung städtebaulich-funktionaler Probleme in bestimmten Grätzeln berichtet, zu denen vielfältige Benachteiligungen der lokalen Quartiersbevölkerungen (unzureichende Bildung/Qua-lifikation inklusive mangelnder Sprachkompetenz, problematische Einkommenssituation vieler Haushalte, geringe Zugangschancen zum Arbeitsmarkt), eine meist wenig leistungsfähige lokale Ökonomie sowie unzureichende Wohn- und Wohnumfeldsituationen hinzu kommen (Steiner et al. 2003b: 4).

Auch die finanzielle Situation Wiens kann beispielsweise im Vergleich zu vielen deutschen Kommunen als deutlich entspannter bezeichnet werden, weshalb sozialen und räumlichen Problemlagen bisher mit administrativen Maßnahmen wie den Gebietsbetreuungen (vgl. Abschnitt 3.2 unten) vergleichsweise erfolgreich begegnet werden konnte (vgl. Steiner et al. 2003b: 4). Allerdings wird auch in Wien davon ausgegangen, dass sich diese Situation in den kommenden Jahren nicht wird aufrechterhalten lassen.

3.2 Die Pilotprojekte Grätzelmanagement im Rahmen der Wiener Ziel-2-Förderung

Die Herausbildung benachteiligter Stadtteile wird daher auch in Wien als Anlass genommen, neue Konzepte zur Problemlösung zur erproben. So nennt beispielsweise Förster (2004: 24) die Tendenz zunehmender gesellschaftlicher und räumlicher Polarisierung als Grund für die Notwendigkeit, innovative Konzepte der Stadt(teil)erneuerung zu entwickeln: „Wird hier nicht rechtzeitig gegengesteuert, droht eine verschärfte sozialräumliche Segregation. Wien muss darauf Antworten finden". Auch Breitfuss et al. (2004: 5) kommen zu dem Schluss, dass in Wien die Ausmaße sozialer Polarisierung und ihrer Folgen wie Segregation und die Konzentration benachteiligter Bevölkerungsgruppen in bestimmten Quartieren im europäischen Vergleich eher gering, zunehmend aber dennoch erkennbar sind und in jedem Fall Handlungsbedarf erzeugen. Vor diesem Hintergrund soll die Durchführung von Grätzelmanagements im 2. und im 20. Bezirk als Ansatz der „sozialorientierten Stadterneuerung" im Sinne integrativer Stadtteilentwicklungsstrategien dienen. Entsprechende Konzepte sollen erprobt werden für den Fall, dass sich die Gesamtsituation sowohl in Bezug auf räumlich konzentrierte Problemlagen als auch auf kommunale Handlungsspielräume verschlechtert. Dabei können die Konzepte – ähnlich wie im Falle Dänemarks bzw. Kopenhagens – als jüngste Stufe einer kontinuierlichen Entwicklung von Stadterneuerungsansätzen betrachtet werden (Förster 2004a: 12 ff., 24f.; Förster 2004b: 22 ff.):

- 1919–1934: Errichtung von rund 66 000 kommunalen Wohnungen mit Anbindung an lokale Bildungs-, Gesundheits- und Kulturangebote („Gemeindebau" im „Roten Wien") sowie von rund 15 000 öffentlich geförderten Genossenschafts-Reihenhäusern („Wiener Siedlerbewegung").

- 1960er- und 1970er-Jahre: Stadterweiterung in Form industrieller Großwohnsiedlungen; Errichtung von jährlich rund 10 000 Sozialwohnungen am Stadtrand.

- 1974: Verabschiedung des Stadterneuerungsgesetzes (StEG 1974) in Österreich nach dem Vorbild des bundesdeutschen Städtebauförderungsgesetzes, das weitgehend auf Flächensanierung, Enteignung und Bildung von Erneuerungsgemeinschaften setzt, in Wien jedoch nicht in dieser tief greifenden Form angewendet wird (Förster 2004a: 15). In Wien Festlegung des Untersuchungsgebiets Ottakring mit Einrichtung einer ersten „Gebietsbetreuung". Weitgehender Verzicht auf Flächensanierung, Weiterentwicklung des Wohnungsverbesserungs- und des Altstadterhaltungsgesetzes; ein Instrument für Sanierungsmaßnahmen fehlt jedoch zu diesem Zeitpunkt noch.

- 1984: Einrichtung von vier weiteren Gebietsbetreuungen, Verabschiedung des Wohnhaussanierungsgesetzes (WSG) sowie Einrichtung des Wiener Bodenbereitstellungs- und Stadterneuerungsfonds (WBSF). Kriterium für den Sanierungsbedarf eines Wohnhauses waren allerdings – anders als beispielsweise in der damaligen Bundesrepublik Deutschland – nicht die Lage in einem ausgewiesenen Fördergebiet (D: „Sanierungsgebiet"), sondern allein Alter und Ausstattungsmerkmale des Gebäudes. Dennoch wird versucht, Fördermittel vorrangig in besonders benachteiligten Stadtteilen einzusetzen. „Im Sinne der ‚sanften Erneuerung' werden vor allem bewohnte Häuser in Zusammenarbeit mit den Mietern saniert" (Förster 2004a: 17), wobei soziale Kriterien Vorrang genießen, um Verdrängung/Segregation zu vermeiden (hier: „Sockelsanierung"). Wünsche von Bewohnerinnen und Bewohnern werden ausdrücklich berücksichtigt.

- seit 1989: liegenschaftsübergreifende Sanierung unter Einbeziehung des Wohnumfeldes und der lokalen Wirtschaftsstruktur (hier: „Blocksanierung"); Beauftragung von Wohnungsbauunternehmen und Architekturbüros mit der Erstellung von Blocksanierungskonzepten.

Eine besondere Rolle bei diesen jüngeren Ansätzen der Stadterneuerung spielen die erstmals im Jahr 1974 in Ottakring erprobten und heute in allen Bezirken eingesetzten Gebietsbetreuungen, die von Bauträgern und/oder Architekten im Auftrag der Stadt Wien (Magistratsabteilung 25) durchgeführt werden. Sie verstehen sich „als Vermittler zwischen Bevölkerung und Politik, als niedrigschwellige Anlaufstelle für alle Anliegen und Interessen der Bewohner/innen und anderer Akteure im Gebiet, nicht zuletzt als Testgebiet für neue Planungsansätze" (Förster 2004a: 22). Waren die Gebietsbetreuungen anfangs fast ausschließlich städtebaulich/technikorientiert, haben sie bis heute einen eher integrativen Ansatz entwickelt, in dem neben den eigentlichen Sanierungsbelangen auch soziale und kulturelle Aspekte berücksichtigt werden. Die jüngste Entwicklung ist die Ausdehnung der Gebietsbetreuungen auch auf kommunale (Groß-)Wohnanlagen („Gebietsbetreuung Neu") mit Schwerpunkt Konfliktvermittlung: „Dabei geht es neben der notwendigen technischen Sanierung auch um die Bewältigung sozialer Probleme und ‚alltäglicher' Nachbarschaftskonflikte" sowie um *Empowerment* der lokalen Bevölkerung (Förster 2004a: 22). Die Gebietsbetreuungen in Wien hatten stets politische Rückendeckung – auch seitens der jeweiligen Opposition – und konnten sich daher kontinuierlich entwickeln.

Im Rahmen der Ziel-2-Förderung (wirtschaftliche und soziale Entwicklung strukturell benachteiligter Gebiete) wird der Ansatz der Gebietsbetreuungen nun in zwei Gebieten – dem *Volkert- und Alliiertenviertel* im 2. Bezirk sowie dem *Viertel um den Wallensteinplatz* im 20. Bezirk – im Sinne eines Pilotprojektes als Grätzelmanagement (entspricht Quartiermanagement in Deutschland) weiterentwickelt. Hierbei bildete ein von Dangschat (2001) im Auftrag der Magistratsdirektion für Infrastruktur und Stadterneuerung erarbeitetes Konzeptpapier, das im Wesentlichen Erfahrungen mit integrierter Stadtteilentwicklung und Quartiermanagement in Deutschland aufgreift, eine wichtige Grundlage. Zu den Zielsetzungen des Wiener Ansatzes heißt es in den Grätzelmanagement-Statuten: „Das Grätzelmanagement versteht sich als eine Maßnahme zur zielorientierten Stadtteilarbeit auch mit der Aufgabe, den sozialen, wirtschaftlichen und kulturellen Defiziten im Projektgebiet entgegenzusteuern und

- durch mehrjährige und nachhaltige Aktivierung der Wohnbevölkerung,
- mit Partizipation von Gewerbetreibenden und Kulturschaffenden und
- durch Vernetzung aller relevanten Institutionen und Einrichtungen

neue Impulse zu setzen. … Das Grätzelmanagement hat die Aufgabe, gemeinsam mit der Bevölkerung und den Gewerbetreibenden Projekte, Initiativen und Maßnahmen im Grätzel zu entwickeln. Diese Projekte und Aktivitäten sollen von den Akteuren vor Ort möglichst selbst umgesetzt und getragen werden" (GM02 2003: 1 f.). Damit wird der Ansatz der Gebietsbetreuungen wesentlich um Aspekte der Gemeinwesenarbeit und der lokalen Ökonomie erweitert. Einrichtung und Tätigkeiten des Grätzelmanagements sind allerdings an Laufzeit und inhaltliche Vorgaben der Ziel-2-Förderung gebunden. Von Verwaltungsseite erhofft man sich langfristig die Übertragbarkeit von Erkenntnissen aus den integrierten Pilotprojekten Grätzelmanagement auf die Konzeption der regulären Gebietsbetreuungen.

Die Pilotprojekte wurden im Jahr 2001 gestartet und werden voraussichtlich Ende 2005 beendet. Ob eine Verlängerung innerhalb des Rahmens der Ziel-2-Förderung (Laufzeitende 2006) möglich ist, hängt unter anderem von der Bewertung der bisher erzielten Erfolge der Grätzelmanagements durch den Projektträger ab und ist derzeit noch unklar.

3.3   Die Grätzelmanagement-Gebiete in Wien

Beide Wiener Grätzelmanagement-Gebiete liegen am östlichen Innenstadtrand innerhalb des Ziel-2-Fördergebiets, das rund 60 000 Einwohner/innen und eine Gesamtfläche von etwa 440 Hektar umfasst. Es erstreckt sich auf die im Vergleich zur Gesamtstadt besonders problematischen Bereiche des 2. und des 20. Bezirks (vgl. Ziel 2 Wien [b]; vgl. Abb. 15). Darin sind die beiden Stadtteile mit dem im Vergleich größten Problemdruck als Grätzelmanagement-Gebiete identifiziert worden. Als Auswahl- und Abgrenzungskriterien spielten neben der räumlich „abgehängten" Lage aufgrund von Barrieren (Verkehrstrassen, Parkanlage) unter anderem ein großer Sanierungsbedarf (hoher Anteil an Substandardwohnungen), eine sich verschlechternde lokale Wirtschaftsstruktur, ein hoher Anteil einkommensschwacher Haushalte, ein unzureichendes Ausbildungsniveau der Quartiersbevölkerung sowie ein vergleichsweise großer Zuwandereranteil (offiziell bei rund 40 Prozent, nach Schätzungen eher bis zu 50 Prozent) eine wichtige Rolle. Gleichzeitig wurden Potenziale wie eine starke Grätzelidentität, funktionierende soziale Netzwerke und eine zunehmende Wohnungsnachfrage seitens junger, verhältnismäßig kaufkraftstarker Haushalte berücksichtigt. Die Lage beider Grätzelmanagementgebiete im Einzugsbereich bereits bestehender Gebietsbetreuungen war ein weiteres Auswahlkriterium, mit dem der Vorteil verbunden war, auf bereits vorhandenen Organisations- und Managementstrukturen aufbauen zu können (vgl. Steiner et al. 2003a: 4):

Das *Volkert- und Alliiertenviertel* liegt im 2. Bezirk und bildet mit 10 000 Einwohner/innen – davon knapp 40 Prozent Migrant/innen – einen Ausschnitt des Bezirks Leopoldstadt, in dem insgesamt 92 000 Einwohner/innen leben. Das Grätzelmanagement-Gebiet liegt verhältnismäßig isoliert zwischen den Flächen des Nordwest- und des Nordbahnhofs, die das Quartier als räumliche Barrieren gegen Nordwesten bzw. Nordosten abschneiden. Im Westen wird das Gebiet zusätzlich von der großen Grünanlage des Augartens begrenzt. Nur im Süden schließt es an die Wohnbebauung des Innenstadtrandes an. Das *Volkert- und Alliiertenviertel* ist überwiegend von dichter gründerzeitlicher Wohnbebauung geprägt, wobei ein großer Anteil von Substandardwohnungen sowie ein Mangel an Grün- und Freiflächen zu den gravierenden Problemen dieses Viertels gehören; entsprechend hoch ist die Fluktuation der Wohnbevölkerung. In wirtschaftlicher Hinsicht muss das Gebiet als strukturschwach bezeichnet werden (GM02 2004: 15 ff.; Ziel 2 Wien [a]).

Abbildung 14:   Im Grätzelmanagement-Gebiet *Volkert- und Alliiertenviertel*

Fotos: Wolf-Christian Strauss

Im Nordwesten des Augartens schließt sich das dichtbebaute, ebenfalls gründerzeitliche Wohn- und Mischgebiet *Viertel um den Wallensteinplatz* als zweites Grätzelmanagementquartier an, das im Norden in Wohn- und Gewerbebebauung jüngeren Datums übergeht und im Westen vom Donaukanal mit der davor liegenden Hauptverkehrsstraße Brigittenauer Lände als Barriere begrenzt wird (GM20 2004b: 9). Hier leben rund 16 000 Einwohner/innen, davon knapp 40 Prozent Migrant/innen; der Anteil der Arbeitslosen beträgt 9,1 Prozent. Probleme im baulich-städtebaulichen Bereich betreffen vor allem einen noch immer hohen Anteil an Substandardwohnungen; die Wohnungsgrößen liegen oftmals unter dem gesamtstädtischen Durchschnitt. Die Nahversorgungssituation wird als unzureichend beschrieben (GM20 2004a: 24 ff.).

In beiden Gebieten werden psychosoziale Probleme aufgrund von Arbeitslosigkeit und/oder anderen Schwierigkeiten der individuellen Lebenslagen sowie vereinzelt Spannungen zwischen unterschiedlichen ethnischen und/oder sozialen Bevölkerungsgruppen beobachtet.

Abbildung 15: Lage der beiden Grätzelmanagement-Gebiete innerhalb des Ziel-2-Gebiets

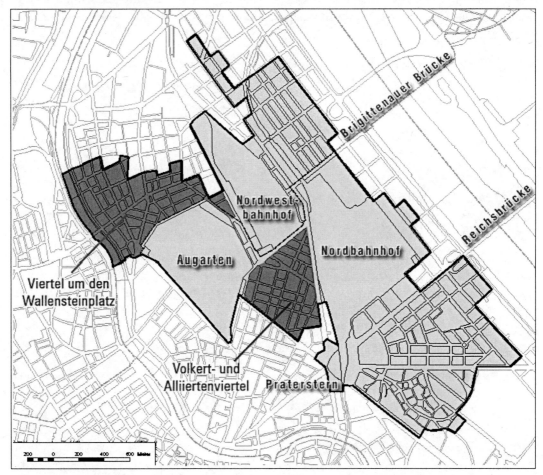

Quelle: Stadt Wien (j)

3.4 Die Pilotprojekte Grätzelmanagement in Wien

In die Umsetzung der Pilotprojekte Grätzelmanagement sind im Wesentlichen lokale Vor-Ort-Büros (Grätzelmanagement-Büros) und thematische Arbeitskreise auf Quartiersebene sowie ein Steuerungsgremium im intermediären Bereich (Grätzelbeirat) involviert. Eine institutionalisierte Form der ressortübergreifenden Zusammenarbeit fehlt sowohl auf Bezirks- als auch auf gesamtstädtischer Ebene (vgl. Abb. 16). In erheblichem Maße sind die Projektträger Wiener Wirtschaftsförderungsfonds (WWFF) und Magistratsabteilung 25 (MA 25) beteiligt (siehe Abschnitt 3.4.1). Die ebenfalls stark involvierte Bezirksebene kann seit umfangreicheren Dezentralisierungsbemühungen der Stadt Wien in den 1980er- und 1990er-Jahren in Teilbereichen der kommunalen Steuerung vergleichsweise autonom handeln – dies betrifft vor allem die Unterhaltung der technischen und sozialen Infrastruktur vor Ort (Stadt Wien [e]; Stadt Wien [g]). Beide Grätzelmanagement-Gebiete liegen zwar innerhalb des Wiener Ziel-2-Gebiets, allerdings in unterschiedlichen Bezirken und unterstehen damit verschiedenen politischen Zuständigkeitsbereichen.

Der Grätzelmanagement-Prozess wird vom Wissenschaftszentrum Wien (WZW) begleitet. In dieser Rolle ist das WZW neben dem WWFF und der MA 25 der dritte Projektpartner. Zur wissenschaftlichen Begleitforschung des WZW gehören Beratungsaufgaben, die Koordination der begleitenden Evaluation, die Vermittlung von Expertenwissen zu verschiedenen Themenbereichen sowie Koordinationstätigkeiten innerhalb des Projektes (WZW [b]). Konkret unterstützt das WZW die Grätzelmanagements beispielsweise bei der Netzwerkbildung zwischen den Projektpartnern oder der Entwicklung von Evaluationsindikatoren (GM20 2002: 1 ff.).

3.4.1 Organisation auf der städtischen Verwaltungsebene

Wiener Wirtschaftsförderungsfonds (WWFF)

Der Wiener Wirtschaftsförderungsfonds (WWFF) spielt als einer der beiden Projektträger der Grätzelmanagements eine wichtige Rolle im Prozess integrativer Stadtteilentwicklung (vgl. Abb. 16). Er wurde 1982 von der Stadt Wien, der Wirtschaftskammer Wien, der Bank Austria Creditanstalt AG sowie der Ersten Bank der österreichischen Sparkassen AG gegründet. Der Fonds versteht sich als zentrales wirtschaftspolitisches Instrument der Stadt mit dem Ziel, Unternehmen und ihre Innovationskraft zu stärken sowie die internationale Wettbewerbsfähigkeit Wiens auszubauen. Der WWFF wird vorwiegend aus öffentlichen Mitteln der Stadt Wien gespeist (WWFF 2005).

Im Rahmen der EU-Ziel-2-Förderung im 2. und 20. Bezirk ist der WWFF Projektträger sowie Endbegünstigter für das Grätzelmanagement und trägt gegenüber der Magistratsabteilung 27 (MA 27 – „EU-Strategie und Wirtschaftsentwicklung") – der zentralen Förderstelle der Stadt Wien – die Verantwortung für die ordnungsgemäße Abwicklung und Abrechnung des Projektes (GM02 2003: 1; Stadt Wien [a]). Als Projektträger finanziert der WWFF den „Grätzelmanager Wirtschaft", der in Personalunion für beide Gebiete zuständig ist. Andere vom WWFF ins Gebiet geleitete Mittel stehen ausschließlich für Wirtschaftsförderungsmaßnahmen zur Verfügung. Damit ist auch die Hoffnung verbunden, zusätzlich private Investitionsmittel in den Prozess einfließen zu lassen.

Im Rahmen der Umsetzung des Grätzelmanagements hat der WWFF ein Ziel-2-Büro als Außenstelle im Zielgebiet eingerichtet, das als Service- und Beratungsstelle insbesondere für lokale Unternehmer/innen sowie als lokale Anlaufstelle für sonstige Ziel-2-Projekte dient (Ziel 2 Wien [a]).

Magistratsabteilung 25 (MA 25) – Technisch-wirtschaftliche Prüfstelle für Wohnhäuser

Die technisch-wirtschaftliche Prüfstelle für Wohnhäuser (MA 25) ist neben dem Wiener Wirtschaftsförderungsfonds (WWFF) der zweite Projektträger des Grätzelmanagements (vgl. Abb. 16). In dieser Funktion finanziert sie in beiden Gebieten den „Grätzelmanager

Soziales" und damit einen Teil der vor Ort anfallenden Personalkosten. Darüber hinaus ist diese Magistratsabteilung neben Prüf- und Sachverständigendiensten in den Bereichen Wohnungsbau und Sanierung generell für die Gebietsbetreuungen der Stadt Wien zuständig.

Magistratsdirektion – Geschäftsbereich Bauten und Technik (Stadtbaudirektion), Geschäftsstelle Infrastruktur und Stadterneuerung (MD-BDIS)

Die Erprobung von Grätzelmanagement geht auf Initiative der Geschäftsstelle Infrastruktur und Stadterneuerung zurück, die auch für die Koordination zwischen lokaler Projektdurchführung und gesamtstädtischen Belangen verantwortlich ist (vgl. Rode 2004: 19). Die zwischen Stadtrat und Verwaltungsdienststellen angesiedelte Geschäftsstelle der Magistratsdirektion (MD-BDIS) hat sowohl zentrale strategische geschäftsgruppenübergreifende Funktionen – sie ist die Schnittstelle zwischen den verschiedenen Verwaltungseinheiten – als auch Aufgaben in der vertikalen Linienstruktur der Verwaltung. Dazu gehören unter anderem die strategische Koordination und Weiterentwicklung von Stadterneuerungsprogrammen und -projekten (Berger 2004: 4, Stadt Wien [d]; vgl. Abb. 16).

Über die Schnittstellenfunktion der MD-BDIS hinaus gibt es auf der Verwaltungsebene Wiens bisher keine institutionalisierte Form einer ämterübergreifenden Zusammenarbeit; auch im Zusammenhang mit dem Pilotprojekt Grätzelmanagement wurden in diese Richtung keine Anstrengungen unternommen. In der Folge müssen integrative Bündelungsaufgaben vor allem von den lokalen Grätzelmanagements wahrgenommen werden. Ressortübergreifende Kooperationen beschränken sich bislang auf projektbezogene Problemlösungen auf der direkten Arbeitsebene beispielsweise im Rahmen regelmäßiger Abstimmungsgespräche zum Thema Stadterneuerung zwischen den jeweils zuständigen Verwaltungsdienststellen auf städtischer Ebene und den Bezirken.

Projektkoordinationsgruppe

Um die steigenden organisatorischen Anforderungen im Projekt Grätzelmanagement besser bewerkstelligen zu können, wurde von den Projektpartnern im Jahr 2004 eine „Projektkoordinationsgruppe" (PKGr) eingerichtet (vgl. Abb. 16). Ziel dieses Gremiums ist die verbesserte Kommunikation, Koordination und inhaltliche Abstimmung zwischen Grätzelmanager/innen, MA 25, WZW und WWFF. Die Gruppe trifft etwa alle zwei Monate zusammen, um sich unter anderem über kleinere Projekte oder Fragen der Öffentlichkeitsarbeit abzustimmen (Gebietsbetreuung 2 Leopoldstadt 2005: 5; Rode 2004: 19).

Abbildung 16:   Management und Organisation der Pilotprojekte Grätzelmanagement in Wien

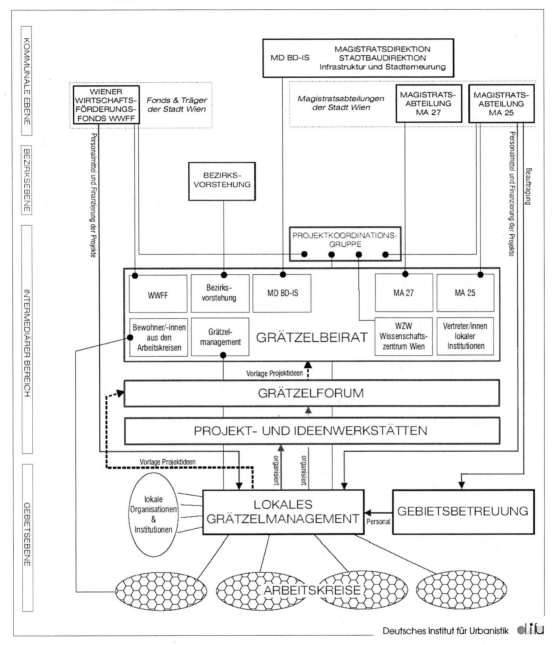

Deutsches Institut für Urbanistik difu

3.4.2   Organisation auf der Quartiersebene

Gebietsbetreuungen

Die seit nunmehr knapp 30 Jahren etablierten Gebietsbetreuungen stellen die Ausgangs-basis für Partizipation und damit auch für die aktuellen Grätzelmanagement-Ansätze in Wien dar (vgl. Abb. 16). Bei ihnen handelt es sich um bezirks- und quartiersbezogene Serviceeinrichtungen der Stadt Wien, die auf lokaler Ebene den organisatorischen Mittelpunkt „sanfter", bewohnerorientierter Stadterneuerung bilden (vgl. Abschnitt 3.2). Im Auftrag der Magistratsabteilung 25 werden sie vorwiegend von privaten Auftragnehmer/innen durchgeführt (Stadt Wien [c]). Für die Umsetzung des Pilotprojekts Grätzelmanagement in den beiden dafür ausgewählten Quartieren im Ziel-2-Gebiet wurden die Aufgabenbeschreibungen für die Gebietsbetreuungen Leopoldstadt und Brigittenau um die Aspekte Aktivierung, Beteiligung und *Empowerment* ausgeweitet sowie zusätzliche Mittel für Personal bereitgestellt.

Grätzelmanagement

Zentrale Aufgabe des Grätzelmanagements (vgl. Abb. 16) ist es, gemeinsam mit der Bevölkerung des Quartiers, den dort ansässigen Gewerbebetreibenden sowie weiteren lokalen Akteuren Projekte, Initiativen und Maßnahmen für das Gebiet zu entwickeln. Dabei werden Eigenverantwortung und Beteiligung an der Umsetzung von Projekten und Aktivitäten betont (GM20 2002: 1 f.).

Ankerpunkt ist ein öffentlich zugängliches Grätzelmanagement-Büro als (niedrigschwellige) Beratungs- und Anlaufstelle (GM02 2003: 2). Im 20. Bezirk ist dieses Büro mit dem der Gebietsbetreuung identisch, im 2. Bezirk wurde ein zusätzliches Büro eingerichtet, da die Anlaufstelle der Gebietsbetreuung für die Belange des Grätzelmanagements räumlich zu dezentral liegt.

Abbildung 17: Vor-Ort-Büros der Pilotprojekte Grätzelmanagement im *Volkert- und Alliertenviertel* (2. Bezirk) sowie im *Viertel um den Wallensteinplatz* (20. Bezirk)

Fotos: Wolf-Christian Strauss

Laut Statut des Grätzelmanagements besteht die Personalausstattung in beiden Projekt-Gebieten jeweils „aus zwei gleichberechtigten Grätzelmanager/innen und der erforderlichen Zahl weiterer Angestellter, die partnerschaftlich in allen Arbeitsfeldern des Projektes tätig sind" (GM20 2002: 2). Die Grätzelmanager „Soziales und Gebietserneuerung" sind im jeweiligen Gebiet für Vernetzungsarbeit, die Aktivierung und Beteiligung der Quartiersbevölkerung und anderer lokaler Akteure sowie die Projektentwicklung verantwortlich. Der Grätzelmanager „Wirtschaft" – zuständig für beide Gebiete – kümmert sich um die Bereiche Projektabwicklung und -controlling sowie Wirtschaftsförderung. Gemeinsam zuständig sind beide Grätzelmanager für Öffentlichkeitsarbeit und Verwaltungsangelegenheiten vor Ort (GM02 2003: 2 ff.). Bei der Personalbesetzung der Grätzelmanagement-Büros gibt es teilweise Überschneidungen mit den hier bereits arbeitenden Gebietsbetreuungen.

Arbeitskreise

Im Rahmen der ersten großen Beteiligungsveranstaltungen in den Grätzelmanagement-Gebieten wurden thematische Arbeitsgruppen unter anderem zu den Themen Kultur und Gesellschaft, Öffentlicher Raum, Verkehr gebildet, in denen Maßnahmen und Projekte zur nachhaltigen Verbesserung der sozialen und wirtschaftlichen Situation in den jeweiligen Quartieren erarbeitet werden (GM02 2003: 2 ff.; GM20 2002: 2; vgl. Abb. 16). Die Arbeitskreise stehen allen Akteuren offen und werden in der Regel von den Grätzelmanagerinnen und -managern moderiert (Rode 2004: 19). Im Falle „schwieriger" oder konfliktträchtiger Themen werden externe Moderationen eingesetzt.

Abbildung 18:   Zentraler Platz im *Volkert- und Alliiertenviertel* (Volkertmarkt) vor der Umgestaltung; rechts unten Plan für die Umgestaltung

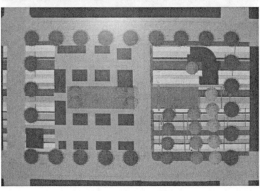

Fotos: Wolf-Christian Strauss

3.4.3 Organisation im intermediären Bereich

Projekt- und Ideenwerkstätten

Mit „Projekt- und Ideenwerkstätten" werden Arbeitsgremien bezeichnet, die bei den Grätzelmanagements angesiedelt sind und regelmäßig in deren Räumlichkeiten tagen (vgl. Abb. 16). Hier treffen Einwohner/innen und Unternehmer/innen aus den Arbeitsgruppen mit den lokalen Grätzelmanagern zusammen, um sich unter anderem über ihre Arbeit auszutauschen, neue Projektideen vorzustellen oder gegebenenfalls neue Arbeitsgruppen zu bilden. Auch die Wahl der Bürgervertreterinnen und -vertreter für den Grätzelbeirat findet in diesem Rahmen statt (GM20 2005: 32).

Abbildung 19: Oben: Projekt- und Ideenwerkstatt sowie Grätzelforum im *Viertel um den Wallensteinplatz*; unten: Arbeitskreis sowie Grätzelforum im *Volkert- und Alliiertenviertel*

Quelle: GM20 2005: 33 f.; Magistrat der Stadt Wien 2003: 30, 33

Grätzelforen

Zweimal im Jahr werden in den beiden Gebieten Grätzelforen veranstaltet, die eine größere Öffentlichkeit als die Ideen- und Projektwerkstätten erreichen (vgl. Abb. 16). Organisation und Moderation dieser Zusammenkünfte von Einwohner/innen, lokalen und lokal relevanten Akteuren sowie Mitgliedern der jeweiligen Bezirksvertretung liegen in Händen des zuständigen Grätzelmanagements (vgl. Rode 2004: 19). In den Foren werden unter anderem Projekte und Maßnahmen, die von den Arbeitskreisen vorgeschlagen wurden, diskutiert und auf ihre Umsetzbarkeit geprüft. Wird über diese Vorschläge Konsens erreicht, werden sie an den Grätzelbeirat (siehe nachfolgender Abschnitt) weitergeleitet, der über eine Finanzierung entscheidet (GM20 2002: 2, 7).

Abbildung 20: Vernetzungsstrukturen des Grätzelmanagements im *Viertel um den Wallensteinplatz*

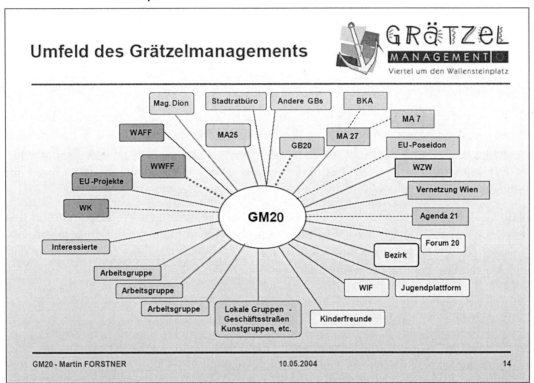

Quelle: GM20 2004a: 37

Grätzelbeirat

Zu den Aufgaben des vierteljährlich tagenden Grätzelbeirats (vgl. Abb. 16) gehören laut Statut des Grätzelmanagements die Festlegung der Budgetmittel für Kleinmaßnahmen der Arbeitskreise sowie die Genehmigung der Mittel für Einzelprojekte mit einem Kostenrahmen von mehr als 2 500 Euro (pro Arbeitskreis und Quartal). Darüber hinaus unterstützt der Beirat das Grätzelmanagement bei der Projektdurchführung. Außerdem spricht er Empfehlungen zur jährlichen Weiterbeschäftigung der Grätzelmanager aus und kontrolliert deren Arbeit im Sinne eines Aufsichtsrates (GM02 2003: 7 f.).

Das Gremium setzt sich aus stimmberechtigten Vertreterinnen und Vertretern folgender Institutionen und Organisationen zusammen (vgl. Rode 2004: 19):

- WWFF als Projektträger,
- Magistratsabteilung 27 (MA 27) als Vertreterin der EU,
- Magistratsabteilung 25 (MA 25) als Projektpartner,

- Magistratsdirektion Geschäftsstelle Infrastruktur und Stadterneuerung (MD-BDIS) als Koordinator gesamtstädtischer Belange,
- Bezirksvorstehung des 2. bzw. 20. Bezirks als politische Entscheidungsträger sowie
- Einwohnerschaft (Bürgerinnen und Bürger).

Darüber hinaus sind als nicht stimmberechtigte Mitglieder im Grätzelbeirat vertreten (vgl. Rode 2004: 19):

- ein Vertreter des WZW als Projektpartner bzw. Repräsentant der wissenschaftlichen Begleitforschung,
- Vertreterinnen und Vertreter verschiedener lokaler Institutionen,
- die Grätzelmanagerinnen und -manager sowie
- projektbezogen eingeladene Gäste (z.B. externe Experten).

Die Gruppe der Bürgerinnen und Bürger im Beirat setzt sich aus je einer gewählten Vertretung pro Arbeitskreis sowie einer gewählten Vertretung des Grätzelforums zusammen, die gemeinsam allerdings nicht mehr als 50 Prozent der stimmberechtigten Beiratsmitglieder stellen dürfen (GM20 2002: 6). Der Vertreter des WWFF kann in seiner Rolle als Verwalter der Ziel-2-Mittel theoretisch eine „Vetoposition" einnehmen.

Beide Grätzelbeiräte wurden bereits zu Beginn der Projektumsetzung – also während der Aktivierungsphase – eingerichtet. Die im „Statut des Grätzelmanagements" festgelegte organisatorische Arbeit wird hauptsächlich vom Grätzelmanagement übernommen, das auch Vorsitz und Leitung der Beiratssitzungen innehat (GM02 2003: 7 f.).

3.4.4 Das Grätzelentwicklungskonzept (GREK)

Für die beiden Quartiere wurde jeweils ein Grätzelentwicklungskonzept erstellt, das eine Stärken-Schwächen-Analyse des Gebiets, Angaben über kurz- und mittelfristig umzusetzende Maßnahmen sowie langfristige – also weit über den derzeit abzusehenden Förderzeitraum hinausreichende – Ziele im Sinne eines Leitbildes bis zum Jahr 2015 enthält (GM20 2004b: 5).

Bei der Erstellung des Konzeptes waren die Gebietsbevölkerung sowie andere lokale Akteure in starkem Maße einbezogen (vgl. Abb. 22). So handelt es sich bei den genannten Maßnahmen zum Großteil um die von den Arbeitsgruppen während der Aktivierungsphase entwickelten Vorschläge. Auch im laufenden Prozess sollen Diskussionen und Projektfortschritte auf der lokalen Ebene im Sinne einer kontinuierlichen Fortschreibung einfließen können, so dass die Grundlage für die weitere Quartiersentwicklung eher einen offenen, dynamischen Charakter (*„work in progress"*) aufweist (vgl. Berger 2004: 3; Magistrat der Stadt Wien 2004b: 37 f.).

Abbildung 21:   Titelseiten der Grätzelentwicklungskonzepte (GREK) für das *Volkert- und Alliiertenviertel* sowie das *Viertel um den Wallensteinplatz*

Quelle: GM02 2004: 1; GM20 2004a: 1

Die Konzepte wurden nach einer halbjährigen Diskussionsphase vor Ort von den Grätzelforen verabschiedet und anschließend in der Bezirksentwicklungs- und der Kulturkommission der Bezirksvertretung wohlwollend zur Kenntnis genommen, jedoch nicht förmlich beschlossen (Gebietsbetreuung 2 Leopoldstadt 2005: 5).

Abbildung 22:   Entstehung des Grätzelentwicklungskonzeptes

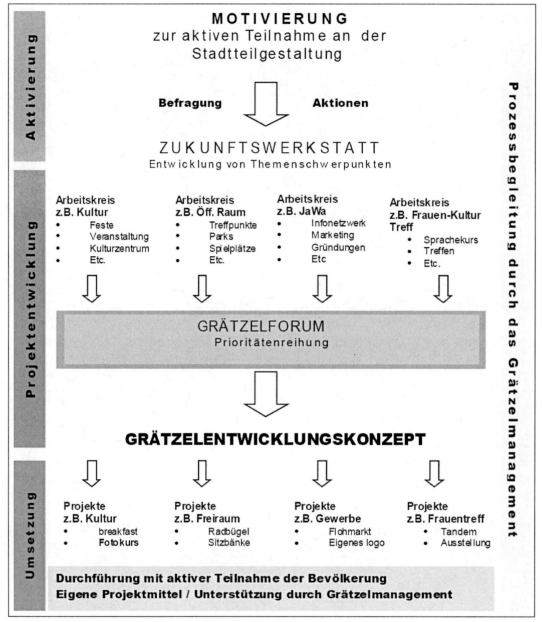

Quelle: GM20 2004b: 7

3.4.5   Finanzierung auf der lokalen Ebene

Die beiden Grätzelmanagements haben den Status von Projekten im Rahmen der EU-Ziel-2-Förderung in Wien und werden mit insgesamt rund 1,86 Millionen Euro – verteilt auf die Laufzeit von vier Jahren – finanziert (WWFF 2004: 22). Die Hälfte dieser Summe wird dabei als „nationale Komplementärmittel" von den Projektträgern Magistratsabteilung 25 (Anteil: rund 53 Prozent) sowie WWFF (Anteil: etwa 47 Prozent) aufgebracht.

Über den formalen Rahmen hinaus finden diese Aufteilungen auch eine inhaltliche Entsprechung. So werden die Personalkosten, die im Rahmen der für Grätzelmanagement notwendigen Aufgabenerweiterung der Gebietsbetreuungen entstehen (vgl. Abschnitt 3.4.2), überwiegend aus den Komplementärmitteln der Projektträger gedeckt: Die Magistratsabteilung 25 finanziert weitgehend die beiden Grätzelmanagements für „Bevölkerung und Soziales", der WWFF den Grätzelmanager „Wirtschaft", seine Projektassistenz sowie einen Teil der Fixausgaben und Projekte im Bereich der Wirtschaftsförderung. Die Mittel aus der Ziel-2-Förderung umfassen rund 120 000 Euro jährlich pro Grätzelmanagement, die zur Finanzierung unterschiedlicher Belange herangezogen werden (vgl. Steiner et al. 2003a: 29; GM02 2003: 3):

- Sachkosten (unter anderem Sach- und Mietkosten für den Unterhalt des Vor-Ort-Büros oder die Durchführung von Beteiligungsveranstaltungen),

- Projekte nach Entscheidung des Grätzelbeirats: Finanzierung von Kleinstprojekten und -maßnahmen im Rahmen eines jährlichen Budgets (2005: 16 500 Euro pro Gebiet),

- Begleitmaßnahmen (z.B. Finanzierung von externen Expert/innen oder Muttersprachler/innen für besondere Aktivierungsmaßnahmen): jährlich rund 35 000 bis 40 000 Euro pro Gebiet; Entscheidungen über Mitteleinsatz treffen die Projektträger,

- Kleinstprojekte der Arbeitsgruppen bis 2 500 Euro/Quartal (eigenständige Entscheidung der Grätzelmanagements).

Für alle größeren im Grätzelentwicklungskonzept vorgesehenen Projekte im baulichen oder infrastrukturellen Bereich (z.B. Platzumgestaltung) müssen Regelmittel des Bezirks eingesetzt werden, sofern nicht andere Finanzierungsquellen (Magistratsabteilungen auf Ebene der Stadt Wien, österreichische Bundesebene) akquiriert werden können (W1, W4). Schließlich werden für die Pilotprojekte Grätzelmanagement noch die Ressourcen der in beiden Gebieten ohnehin bestehenden Gebietsbetreuungen genutzt.

Im Projektverlauf zeigte sich, dass die Finanzierung der beiden Grätzelmanagements aus den Ziel-2-Maßnahmenpunkten „M 3.2 Gegen Ausgrenzung und für die Chancengleichheit im Erwerbsleben" (ESF) sowie „M 2.1 Unternehmensdienstleistungen" (EFRE) einen für tatsächlich integratives Handeln zu sehr einschränkenden Themenschwerpunkt („Wirtschaft" i.w.S.) aufwies – dies wurde auch von der *Mid-term*-Evaluation bestätigt. Daher wurden die Projekte zu Jahresbeginn 2004 in den Schwerpunkt „M 1.2 Materielle Infrastruktur" (EFRE) umgeschichtet, in dem Bündelungseffekte von vornherein vorgesehen sind. Da auch aus EFRE-Mitteln soziale Maßnahmen gefördert werden können, stellt die neue Fokussierung auf Fragen der Infrastruktur keine Begrenzung des integrativen Ansatzes dar (Steiner et al. 2003b: 59; WWFF 2003: 1).

3.4.6 Verstetigung

Das Wiener Grätzelmanagement-Konzept sieht bisher keine Verstetigungsphase vor, und auch die derzeitige Projektumsetzung lässt nur wenige Ansätze einer Aufrechterhaltung der einmal aufgebauten Strukturen und Netzwerke für die Zeit nach der Sonderförderung erkennen. Mit deren Auslaufen nach vierjähriger Laufzeit werden die Grätzelmanagements Ende 2005 ihre Arbeit einstellen und die Grätzelbeiräte aufgelöst; ihre Entscheidungsfunktionen werden auf die entsprechenden Bezirksgremien übergehen. Ob eine Verlängerung der Pilotprojekte bis zum Auslaufen der generellen Ziel-2-Förderung in Wien möglich ist, war zum Zeitpunkt der Befragungen noch unklar und hängt in nicht unerheblichem Maße von der Bewertung der bisher erreichten Erfolge durch den WWFF ab. Und auch die Antwort auf die Frage, in welchem Maße die „regulären" Gebietsbetreuungen – wie mit dem gesamten Ansatz intendiert – nach Auslaufen der Sonderförderung tatsächlich Grätzelmanagement-Aufgaben dauerhaft wahrnehmen können und werden, ist heute ebenfalls noch unklar (GM20 2005: 4; W9; GM02 2004: 9, GM20 2004b: 9).

3.5 Einschätzungen des Pilotprojekts Grätzelmanagement aus Sicht der Wiener Akteure

Neben einer grundsätzlich positiven Einschätzung der Pilotprojekte Grätzelmanagement werden von den Befragten – stärker als dies in Dänemark zum *Kvarterløft*-Ansatz der Fall ist – zum Teil sehr deutliche Kritikpunkte geäußert.

Die meisten Kritikpunkte beziehen sich auf die *Kopplung des Grätzelmanagement-Ansatzes an die Ziel-2-Förderung* in den Pilotgebieten. Dabei wird mehrfach auf Unvereinbarkeiten zwischen der Offenheit des Grätzelmanagement-Konzeptes und den vergleichsweise rigorosen Ziel-2-Richtlinien zur Förderfähigkeit von Maßnahmen und Projekten hingewiesen. So könnten beispielsweise Kulturprojekte oder Veranstaltungen im Quartier kaum aus Ziel-2-Mitteln gefördert werden. Die starke Betonung von vergleichsweise ergebnisoffener Aktivierung und Beteiligung im Rahmen von Grätzelmanagement ist in dieser Gewichtung nicht Gegenstand der Ziel-2-Richtlinien. Die Prioritäten des WWFF als Projektträger und federführender Stelle für die Ziel-2-Abwicklung lägen vielmehr im Bereich der Wirtschaftsförderung, wobei „wirtschaftliches Denken" nach Einschätzung eines Interviewpartners nicht so langfristig angelegt sei wie die längerfristigen Perspektiven in einem Stadtteilerneuerungsprozess. In der Praxis könne der Grätzelbeirat lediglich innerhalb der durch die Ziel-2-Richtlinien vorgegebenen Handlungsspielräume entscheiden. Ein weiterer Kritikpunkt betrifft die als verhältnismäßig kurz bewertete Laufzeit der Ziel-2-Vorhaben (maximal 6 Jahre), die mit dem Zeitbedarf einer integrativen, stark auf partizipativen Elementen beruhenden Stadtteilerneuerung nicht vereinbar sei. „Hoffentlich hat man gelernt, dass man es nicht noch einmal in einem EU-Projekt einbettet", lautete der Kommentar eines Befragten.

Auch die *Gebietsauswahl und -abgrenzung* wurde von den Befragten teilweise sehr unterschiedlich eingeschätzt. So scheinen die Zusammenhänge von bezirkspolitischer Entscheidung, Förderspezifika und letztendlicher Gebietsauswahl/-abgrenzung auf der Quartiersebene nur bedingt auf Verständnis zu stoßen. Beispielsweise wurde auf lokaler Ebene geäußert, dass die Abgrenzungskriterien nicht unbedingt nachvollziehbar seien: „Wir haben nicht klar herausfinden können, warum gerade das *Viertel um den Wallensteinplatz* und das *Volkert- und Alliiertenviertel* im Ziel-2-Gebiet ausgewählt wurden". Mehrere Gesprächspartner betonen in diesem Zusammenhang, dass in Österreich „alles stark parteipolitisch durchorganisiert ist. Auch Projekte wie Grätzelmanagement stehen unter dem Einfluss parteipolitischer Vorgaben auf allen Ebenen", weshalb der Einfluss von Bezirksvorstehern unter Umständen gewichtiger sein könne als Indikatoren zur Gebietsauswahl. Aufgrund der Tatsache, dass Gemeindebauten nicht in die Ziel-2-Förderung aufgenommen wurden, könne man insbesondere im 20. Bezirk eine „zum Teil eigenartige Grenzziehung" beobachten. Auch die Vorgabe der EU, nur Gebiete mit einer gewissen Mindesteinwohnerzahl zu wählen, habe zum Teil „nichts mit den realen räumlichen Verhältnissen zu tun". Im Rahmen der alltäglichen Grätzelmanagement-Arbeit würde die Grenzziehung innerhalb des Ziel-2-Gebiets jedoch „nicht so eng gesehen", während sie für den Bereich Wirtschaftsförderung bindend sei.

Abbildung 23:   Problematische Abgrenzung der Grätzelmanagement-Gebiete.

Während der Gemeindebau im linken mittleren Bildhintergrund noch zum Grätzelmanagementgebiet *Volkert- und Alliiertenviertel* gehört, trifft dies für die anderen Großformen im Bildhintergrund nicht mehr zu (Foto: Wolf-Christian Strauss).

Mit Blick auf die Organisation des integrativen Vorgehens in den Pilotgebieten wird allgemein das weitgehende Fehlen einer *ressort- bzw. ämterübergreifenden Zusammenarbeit* festgestellt und kritisiert. Bisher seien stadtteilorientierte Maßnahmen auf vier verschiedene Stadträte (Wohnen, Soziales, Integration, Verkehr) sowie den externen WWFF (Wirtschaft) aufgeteilt. Diese Geschäftsbereiche würden allerdings sehr für sich arbeiten, da zurzeit der politische Wille „zur großen Lösung" noch fehle. Der im Konzept von Dangschat (2001) vorgeschlagene „Magistratsabteilungsübergreifende Arbeitskreis ‚Grätzelmanagement Wien'" oder eine vergleichbare Organisationseinheit sei bisher nicht eingerichtet worden, weshalb es in Wien auch keine gebietsbezogene Bündelung von Ressortmitteln gebe. Dies liege zum Teil an der fehlenden Einsicht in die Notwendigkeit solcher Arbeitsstrukturen, aber auch an der nur wenig verbreiteten Kenntnis über das Grätzelmanagement-Konzept auf Verwaltungsebene, wie ein Interviewpartner erklärt: „Ich habe den Eindruck, dass auf der politischen Ebene, auf der Stadtratsebene diese geschäftsgruppenübergreifende Kooperation und Integration von Maßnahmen noch nicht wirklich angekommen ist". Den bisher einzigen Ansatz einer ressortübergreifenden Vernetzung stellt die Arbeit der Magistratsdirektion (MD-BDIS) dar. Im konkreten Zusammenhang mit den Pilotprojekten Grätzelmanagement wird bedauert, dass der Wiener ArbeitnehmerInnenfonds (führt eigene Ziel-2-Projekte durch) sowie die verschiedenen für Stadtplanung, Stadtteilplanung oder *diversity management* zuständigen Magistratsabteilungen nicht integriert werden konnten.

Das weitgehende Fehlen einer ressortübergreifenden Zusammenarbeit auf Verwaltungs-ebene wird von vielen Interviewpartnern im Zusammenhang mit einer als nur verhalten beschriebenen *Bereitschaft zur generellen Verwaltungsmodernisierung* in Wien gesehen. Als ein Grund hierfür wird die Erfahrung der Verwaltung genannt, dass durch Projekte wie Grätzelmanagement mehr Arbeit erzeugt und Begehrlichkeiten geweckt würden. Da-her stehe die Verwaltung den Grätzelmanagement-Projekten eher negativ gegenüber. Auch würden einige Magistratsabteilungen generell nur geringe Ambitionen zeigen, mit anderen Verwaltungseinheiten zu kooperieren. Ein Gesprächspartner weist auf den Wi-derspruch zwischen verhaltenem Engagement auf Verwaltungsseite und der Erwartung an die lokale Ebene hin, hier zu umfassenden Lösungen zu kommen: „Man ist halt dabei, aber so richtig engagiert ist es dann auch nicht. Wie soll man dann von den Bürgern eine engagierte Beteiligung erwarten?"

Vereinzelt weisen Interviewaussagen auf ein verbesserungswürdiges Verfahren der Team-zusammenstellung für das Grätzelmanagement hin. Dies betrifft generell die Personal-auswahl auf der *Vor-Ort-Ebene*, bei der im Vorfeld in stärkerem Maße über Stellenanfor-derungen und die notwendigen Kompetenzen der Bewerber (Kommunikation, Organisa-tion, Öffentlichkeitsarbeit usw.) diskutiert werden müsse. Eine Stellenbesetzung allein aus politischen Gründen sei generell zu vermeiden. Die Anbindung der Mitarbeiterinnen und Mitarbeiter im Grätzelmanagement an verschiedene Arbeitgeber erschwere die Teambil-dung, was angesichts der großen Aufgabenvielfalt leicht zur Überforderung Einzelner füh-ren könne. Und auch die unterschiedlichen Fachsprachen und Sichtweisen sowie mitun-ter abweichende Einschätzungen von Erfolgen und Misserfolgen könnten innerhalb der Teams zu Spannungen führen.

In Bezug auf *Aktivierung, Beteiligung, Empowerment* halten sich positive und eher kriti-sche Einschätzungen die Waage. Dabei fällt allerdings auf, dass insbesondere Vertre-ter/innen der Verwaltungsebene und der Wissenschaft eher von positiven Erfahrungen sprechen: Die Motivation lokaler Akteure zur Mitwirkung an Stadtteilerneuerungsprozes-sen sei – auch über längere Zeiträume hinweg – groß, die Anzahl der an Grätzelforen teilnehmenden Menschen wachse stetig („Schneeballeffekt"), die einstige Skepsis gegen-über dem Erneuerungsprozess schwinde aufgrund der Offenheit der Konzepte, man erhal-te viele Informationen von der lokalen Ebene, über die man sonst nicht verfügen könne. „Es ist uns gelungen, in der Aktivierungsphase der Grätzelmanagements Ressourcen zu aktivieren, mit denen ich nicht gerechnet habe", äußert sich ein Gesprächspartner.

Die befragten Akteure auf der Quartiersebene zeichnen dagegen ein verhalteneres Bild. So sei die Situation in den beiden Grätzelmanagement-Gebieten mit bürgerlichen Stadt-teilen in Wien nicht zu vergleichen. In den benachteiligten Quartieren fehle ein kritischer Zugang zur Demokratie weitgehend, auch gäbe es keine „Beteiligungstradition". Viel-mehr müsse Betroffenheit im Rahmen von Aktivierungsstrategien erst „erfasst" werden. Dann würden zwar viele Ideen geäußert, allerdings sei die Bereitschaft zur Mitwirkung bei der Projekt- oder Maßnahmenumsetzung eher gering. Besonders schwierig zu errei-chen seien lokalen Gewerbetreibende. Ein Gesprächspartner stellt in Frage, dass die sich Beteiligenden – beispielsweise im Zusammenhang mit der Entscheidung über die Ver-wendung von Mitteln für Kleinprojekte – tatsächlich die Bevölkerung des Gebiets reprä-sentiert. Es heiße zwar immer: „Derjenige, der kommt, entscheidet mit", aber es gebe in Wien noch keine ausreichend breite Beteiligung, um die Vergabe auch geringfügiger Projektmittel tatsächlich auf eine repräsentative Basis zu stellen. Vor dem Hintergrund der starken parteipolitischen Durchorganisierung aller Ebenen sei der Gedanke dezentraler Entscheidungsfindungen durch partizipative Gremien in Wien noch fremd: „Es wird mindestens noch ein Jahrzehnt dauern, bis so etwas sich sowohl im Bewusstsein der Entscheidungsträger als auch im Bewusstsein der Bevölkerung verankert hat".

Der Grätzelbeirat wird von mehreren Gesprächspartnern als eine in sich gut funktionierende *Organisation im intermediären Bereich* zwischen Verwaltung, Quartier und externen Akteuren eingeschätzt. Kritische Stimmen weisen jedoch darauf hin, dass es sehr schwierig gewesen sei, Akteure und Institutionen aus den Bereichen lokale Wirtschaft, Arbeitsmarkt, aber auch Städtebau in den Beirat einzubinden. Die im Konzept von Dangschat (2001) vorgesehene „Bank der Verwaltung" sei mit den Magistratsabteilungen 25 und 27 sowie der Magistratsdirektion (MD-BDIS) nur „dünn" besetzt.

Zur *Kommunikation und Kooperation zwischen der Verwaltungs- und der Vor-Ort-Ebene* merkt ein Gesprächspartner an, dass es aufgrund der „Tradition" der Gebietsbetreuungen zwar funktionierende Arbeitskontakte zwischen Vor-Ort-Ebene und Magistratsabteilung 25 gebe, die unzureichende Kooperation innerhalb der Verwaltung jedoch teilweise zu großen Schwierigkeiten bei der Zusammenarbeit mit anderen Amtsbereichen führe. Die Grätzelmanager seien zwar gefragt, Mittel bei den jeweils zuständigen Magistratsabteilungen eigenständig zu akquirieren, was aber angesichts des Fehlens einer Gesamtstruktur für integrative Stadtteilentwicklung unrealistisch sei: „Die Ebenen ‚Vor Ort' und ‚Verwaltung' wissen zu wenig voneinander, und formale Koordination auf horizontaler Ebene fehlt". Viele Probleme, die sich nach Ansicht der Befragten aus den Defiziten der formalen Strukturen ergeben, können offenbar durch gute informelle Kontakte und Netzwerke kompensiert werden. Auch würden einzelne Akteure den Prozess im Rahmen ihrer Möglichkeiten sehr gut steuern.

Ein für alle beteiligten Akteure und Ebenen gültiges *Leitbild* bzw. eine Entwicklungsvision für die Grätzelmanagement-Gebiete fehlen ebenso wie die Einbettung der integrativen Stadtteilentwicklungsansätze in gesamtstädtische Strategien, führen zwei Interviewpartner aus.

Die Frage, ob – und wenn ja: welche – *Ergebnisse* bisher mit Grätzelmanagement erzielt werden konnten, wird seitens der Befragten unterschiedlich beantwortet. Erfolge werden vor allem in „weichen" Themenfeldern konstatiert: Dazu gehören aus Sicht der Befragten eine Verbesserung der Innenwahrnehmung der Gebiete, die Einrichtung von Beteiligungsforen, die Durchführung kleinerer Projekte und Aktionen wie Quartierszeitungen oder Lesungen sowie die erfolgreiche Vernetzung beispielsweise von lokalen Religionsgemeinschaften oder auch Künstlern im Quartier. „Das Leben in den Grätzeln hat sich verändert", bilanziert der Evaluator. Ebenfalls als Erfolg wird die positive Wahrnehmung der lokalen Aktivitäten auf Seiten der Bezirkspolitik gewertet. Kritisch angemerkt wird von einem Gesprächspartner, dass man nach drei Jahren Laufzeit zwar bereits erste Veränderungen vor allem in Form dieser kleinen Projekte und Maßnahmen wahrnehmen könne, es für umfassendere und deutlicher sichtbare Verbesserungen – die unbedingt gefordert werden müssten – jedoch zu früh sei.

Ein Verwaltungsmitarbeiter schätzt im Zusammenhang mit der Bewertung von Ergebnissen die begleitende *Evaluierung* als wertvolles Korrektiv insbesondere für die Zusammenarbeit der Projektträger ein. Der Vertreter der Wissenschaft macht in diesem Zusammenhang allerdings darauf aufmerksam, dass es eine Frage des Bewertungsmaßstabes sei, was man überhaupt als Erfolg bewertet. Ein generelles Problem sieht der Evaluator dabei im Widerspruch von strikten, überwiegend auf quantitativen Indikatoren basierenden Vorgaben der EU-Förderung (Ziel-2) und den vor Ort oftmals nur qualitativ zu bewertenden Projektfortschritten. Die Stringenz der EU-Vorgaben führe außerdem dazu, dass beide Grätzelmanagement-Projekte unter dem Erfolgsdruck einer positiven Entwicklung der lokalen Wirtschaftssituation stünden. Vieles lasse sich statistisch nicht messen, müsse aber dennoch als positive Entwicklung betrachtet werden, wie mehrere Gesprächspartner betonen. „Wenn beispielsweise Leute ihre Kunsthandwerkssachen ausstellen, und die dann gekauft werden, und durch die Erlöse dann wieder andere Sachen finanziert werden – dann hat das was". Es gehe also mehr um die kleinen Schritte als um tief greifende Veränderungen in der Sozial- oder Wirtschaftsstruktur. „Ich schätze es als Erfolg ein, wenn man es schafft, auf dieser Mikroebene gewisse Prozesse anzustoßen".

Mit Blick auf das Ende der Sonderförderung äußern sich einige Interviewpartner auf der Quartiersebene kritisch zum Thema *Verstetigung*. Die Tatsache, dass es bislang noch keine verbindliche Aussage zur möglichen Verlängerung der Pilotprojekte Grätzelmanagement gebe, trage vor Ort zu einem derzeit wenig positiven Arbeitsklima bei, worunter die Motivation einiger Grätzelmanager leide. Mit der Umsetzung von Projekten und Maßnahmen, die eine längere Laufzeit benötigen, könne daher im Moment nicht begonnen werden: „Wer weiß, ob's uns nächstes Jahr noch gibt". Die Weiterfinanzierung zumindest von Teilen des Grätzelmanagement-Ansatzes aus kommunalen Haushaltsmitteln stellt sich aus Sicht einiger Befragter auf Verwaltungsebene als eine Option dar, zumal bereits jetzt die Hälfte der Gesamtfördersumme in Form „nationaler Komplementärmittel" von der Kommune getragen wird. Inwieweit dies – auch vor dem Hintergrund des weitgehenden Fehlens einer ressortübergreifenden Zusammenarbeit – tatsächlich realistisch ist, bleibt allerdings insbesondere aus der Perspektive der Quartiersebenen offen.

3.6   Veränderungsbedarfe aus Sicht der Befragten in Wien

Die von den Wiener Interviewpartnern geäußerten Veränderungswünsche zu Konzeption, Organisation und Umsetzung des Grätzelmanagements lassen sich wie folgt zusammenfassen:

- *Entwicklung einer Vision/eines Leitbildes*, in das die teilweise sehr unterschiedlichen Vorstellungen und Konzepte der beteiligten Akteure bzw. Ebenen von Stadt, Bezirk und Quartier im Sinne eines gemeinsamen und verbindlichen Orientierungsrahmens einfließen können.

- *Erarbeitung eines umfassenden Integrierten Handlungskonzeptes,* das unter Berücksichtigung der Programmlaufzeit Ziele, Prioritäten, Umsetzungsschritte sowie Angaben zur Finanzierung von Projekten und Maßnahmen – unter anderem aus den jeweils zuständigen Ressorts – enthält; Integration der Ressortplanungen in eine gebietsbezogene, integrative Entwicklungsstrategie, Klärung des Verhältnisses von *Top-down-* und *Bottom-up*-Ansätzen.

- *Einbettung der Grätzelmanagement-Projekte in eine gesamtstädtische Strategie.*

- *Stärkere Wahrnehmung und Rückendeckung durch Politik und Verwaltung* unter anderem durch eine stärkere Kenntnisnahme der Aktivitäten vor Ort, eine intensivere Teilnahme von politischen und Verwaltungsrepräsentanten an lokalen Gremien sowie die größere Akzeptanz von Partizipation in der Stadtentwicklung.

- *Generelle Erweiterung der Aufgaben der Gebietsbetreuungen in Richtung Grätzelmanagement*: unter anderem Ergänzung der bisherigen Ansätze um Elemente der Gemeinwesenarbeit („von der eher serviceorientierten Gebietsbetreuung zu einem eher aktivierenden Stadtteilmanagement").

- *Ausweitung von Grätzelmanagement auf Neubaugebiete* auch aus präventiven Gründen.

- *Loslösung von der EU-Ziel-2-Programmatik und -Finanzierungskulisse* unter anderem durch eine „echte" ressortübergreifende Zusammenarbeit; Entwicklung einer eigenen, wienspezifischen Programmatik mit adäquater Laufzeit.

- *Problem- und Potenzialanalyse* im Vorfeld der Gebietsausweisung unter Berücksichtigung von Praxiserfahrungen bereits vor Ort tätiger Akteure sowie der Sicht von Bewohner/innen; Sensibilisierung wichtiger lokaler Akteure (hier: lokale Unternehmer/innen) bereits im Vorfeld der Programmumsetzung.

- *Einrichtung einer ressortübergreifenden, gebietsbezogenen Arbeitsgruppe auf Verwaltungsebene* unter Einbeziehung aller im Rahmen von Stadtteilentwicklung tätigen Magistratsabteilungen.

- *Einrichtung eines „echten" intermediären Gremiums* mit Vertreter/innen der Politik, aller relevanten Verwaltungsressorts, Fonds und Trägern, mit Bürgern sowie sonstigen lokal wirksamen Akteuren zwecks Informationsaustausch und Diskussion; „Transport" von Informationen zwischen den Ebenen Stadt, Bezirk und Quartier.

- *Verbesserung der vertikalen Kooperation zwischen Verwaltungs- und lokaler Umsetzungsebene.*

- *Einrichtung eines Verfügungsfonds für die lokale Quartiersebene* zur schnellen, unbürokratischen Realisierung von Kleinprojekten.

- *Entwicklung eines Profils von* Empowerment/*Aktivierung und Beteiligung* zur Klärung von Zielen, Erwartungen, Bedarf an Ressourcen, Qualifikationsanforderungen im Bereich Gemeinwesen, Entscheidungsbefugnissen für die lokale Ebene, Verfahrensregeln; Ausweitung des Methodensets; Klärung des Stellenwerts von Beteiligung im Gesamtprozess.

- *Entwicklung und Diskussion realistischer Indikatoren für die Messung von Programmerfolgen (Evaluation)* unter Berücksichtigung sowohl quantitativer als auch qualitativer Daten.

- *Entwicklung von Verstetigungs- und Ausstiegsstrategien* auf der Basis klarer Aussagen über Programmlaufzeiten inklusive Verlängerungsoptionen sowie zu Möglichkeiten der Aufrechterhaltung von Organisationsstrukturen und Projekten nach Wegfall der Sonderförderung.

4.   Vergleich der Ansätze in Kopenhagen und Wien mit Erfahrungen in Deutschland

Die Ansätze integrativer Stadtteilentwicklung in Kopenhagen/Dänemark und Wien/Österreich zeigen viele Parallelen zur Situation in Deutschland, aber auch einige Unterschiede auf, die im Folgenden dargestellt werden. Dabei muss allerdings berücksichtigt werden, dass für die Situation in Dänemark und Österreich konkrete Fallbeispiele untersucht wurden und hierzu detaillierte Einzelergebnisse vorliegen, während sich die Informationen zur Situation in Deutschland auf bereits zusammengefasste Erkenntnisse und Aussagen beschränken, die im Rahmen der Programmbegleitung und der Zwischenevaluierung zum Programm „Soziale Stadt" erarbeitet wurden. Aufgrund dieser „empirischen Schieflage" können die nachfolgenden Vergleichsaussagen lediglich im Sinne von Annäherungen verstanden werden.

Programm- vs. Projektstatus

Das im Jahr 1996 aufgelegte dänische Programm Kvarterløft und das 1999 in Deutschland gestartete Bund-Länder-Programm „Stadtteile mit besonderem Entwicklungsbedarf – die soziale Stadt" basieren auf einer ähnlichen Entwicklung der Stadterneuerungspolitik in beiden Ländern: von der Flächensanierung in den 1960er- und 1970er-Jahren über Formen der behutsamen Stadterneuerung mit partizipativen Elementen insbesondere in den 1980er-Jahren bis zur Herausbildung integrativer Ansätze der Stadtteilentwicklung seit den 1990er-Jahren. In Österreich wurde dagegen bisher kein vergleichbares Bundesprogramm aufgelegt – hier werden lediglich in einzelnen Kommunen entsprechende Pilotprojekte vor allem im Rahmen von EU-Förderungen durchgeführt. Dabei stellen die Wiener Grätzelmanagements die jüngste Stufe der Entwicklung von Stadterneuerungsansätzen in der österreichischen Hauptstadt dar, wo seit den 1970er-Jahren vor allem die „sanfte Stadterneuerung" im Zusammenhang mit Beratung und Begleitung („Gebietsbetreuungen") große Bedeutung hat. Allerdings spielten dabei die Bereiche Aktivierung und Beteiligung im Sinne einer ganzheitlichen Quartiersentwicklung bis vor kurzem eine nur vergleichsweise unbedeutende Rolle. Nicht zuletzt aufgrund zunehmender Problemkonzentration in benachteiligten Stadtteilen werden hier nun ähnliche integrative Ansätze erprobt wie in Dänemark und Deutschland.

Übergeordnete Programm-/Projektziele

Während zu den übergeordneten Zielen der Programmansätze in Dänemark und Deutschland die konkrete Verbesserung der Lebensbedingungen in den benachteiligten Stadtteilen und – damit verbunden – die Erprobung neuer Management- und Organisationsformen nicht nur auf Quartiers-, sondern auch auf der Verwaltungsebene gehören, spielt dieser Aspekt der „Verwaltungsmodernisierung" in Wien eine nur untergeordnete Rolle. Der Fokus liegt hier eher auf der Erweiterung des vor dreißig Jahren eingeführten Ansatzes der Gebietsbetreuungen um Elemente der Gemeinwesenarbeit (Aktivierung, Beteiligung, Vernetzung) sowie um den Bereich Lokale Ökonomie – in Wien geht es also vorrangig um die Qualifizierung dezentraler Management- und Organisationsstrukturen. In Dänemark und Deutschland dagegen werden der ressortübergreifenden Zusammenarbeit und Ressourcenbündelung sowie der Einbeziehung verwaltungsexterner Akteure

(Governance) zumindest in der Programmformulierung wichtige Rollen zugewiesen, wenngleich sich in der Realität in beiden Ländern teilweise noch erhebliche Defizite zeigen.

Formaler und finanzieller Rahmen der Programme/Projekte

Der formale Rahmen für die Ansätze in allen drei Ländern unterscheidet sich im Hinblick auf Umfang und Regelungstiefe der entsprechenden Richtlinien. Dabei wurden für das dänische *Kvarterløft*-Programm die vergleichsweise umfangreichsten und stringentesten Vorgaben formuliert: So ist nicht nur die Programmlaufzeit von sieben Jahren verbindlich in die drei Phasen *Planning* (erstes Programmjahr), *Implementation* (zweites bis sechstes Programmjahr) sowie *Anchoring* (letztes Programmjahr) unterteilt, sondern in den zwischen Landes- und kommunaler Ebene getroffenen Programmvereinbarungen sind auch Vorgaben für den Aufbau von Organisationsstrukturen, die Durchführung von Beteiligung sowie die Erstellung eines integrierten Gebietsentwicklungskonzeptes (*Kvarterplan*) enthalten (vgl. Abschnitt 2.4.4). Umfang und Stringenz dieser Vorgaben werden in Kopenhagen allerdings ambivalent beurteilt. Während Akteure insbesondere der kommunalen Verwaltungsebene darin vor allem richtunggebende Funktionen sehen, wird aus den Reihen der programmbegleitenden Wissenschaftler/innen auch darauf hingewiesen, dass derartiger Programmvorgaben die Spielräume und individuellen Anpassungsmöglichkeiten der Kommunen einschränken können: eigene Lösungen – unter anderem im Bereich Management und Organisation – sowie eine an die lokalen Gegebenheiten angepasste Laufzeit könnten so kaum erprobt werden.

In Deutschland dagegen enthalten die jährlich von Bund und Ländern zu unterzeichnende Verwaltungsvereinbarung sowie vor allem der Leitfaden der ARGEBAU zwar detaillierte Hinweise zur Programmumsetzung Soziale Stadt, doch unterscheiden sich die letztlich verbindlichen Landesvorgaben sowohl im Hinblick auf den Programmcharakter („traditionelle" Sanierung vs. Integrativer Quartiersansatz) als auch in Fragen der Regelungstiefe (z.B. Vorgaben zur Organisation oder Erstellung Integrierter Handlungskonzepte). Die eher offenen und teilweise wenig stringent gehandhabten Programmvorgaben sowohl auf Bundes- als auch auf Landesebene stoßen in der Zwischenevaluierung sowie bei den Programmbegleitungen-vor-Ort (PvO – die wissenschaftliche Begleitung der Programmimplementierung in einem Modellgebiet pro Bundesland während der Jahre 2000 bis 2002; vgl. Difu 2003: 30 ff.) durchaus auf Kritik. So sei für Teilbereiche der Programmumsetzung eine stärkere Reglementierung notwendig, um insbesondere die Aufstellung qualifizierter Integrierter Handlungskonzepte sowie den Aufbau tatsächlich beteiligungsorientierter Management- und Organisationsformen durch die Kommunen stärker als bisher zu gewährleisten (vgl. BBR/IfS 2004: 187 f., 205 f.; PvO 2003: 264). Gegenwärtig sind die Bundeshilfen für das prinzipiell auf Verstetigung angelegte Programm Soziale Stadt bis 2010 abgesichert, wenngleich die einzelnen Bundesländer im Rahmen der Unterzeichnung der Verwaltungsvereinbarung jährlich neu über ihre Programmteilnahme entscheiden und auch die jeweilige Gebietsförderung landesspezifisch zeitlichen Begrenzungen unterliegen kann.

In Wien unterliegt das gegenwärtig auf eine Laufzeit von vier Jahren beschränkte Grätzelmanagement formal den Ziel-2-Förderrichtlinien der EU, in deren Rahmen diese Pilotprojekte auf Basis eines detaillierteren Projektantrages durchgeführt werden. Regelungen auf kommunaler Ebene betreffen überwiegend personelle und Organisationsfragen, während der gesamte Komplex der inhaltlich-thematischen Zielsetzungen bis hin zu konkreten Projekten und Maßnahmen erst im Umsetzungsprozess erarbeitet wird und im Vorfeld kaum reglementiert ist. In Wien wird von vielen Seiten darauf hingewiesen, dass die eher offenen Beteiligungsansätze des Pilotprojektes Grätzelmanagement mit der deutlich wirtschaftspolitischen und stärker reglementierten EU-Ziel-2-Förderung stellenweise unvereinbar sind.

Noch deutlicher als bei den formalen Vorgaben unterscheiden sich die Ansätze in den drei Ländern im Hinblick auf die finanzielle Ausstattung der integrativen Stadtteilerneuerung. In Deutschland stehen derzeit jährlich insgesamt gut 217 Millionen Euro (von Bund, Ländern und Gemeinden) für 363 Programmgebiete in 252 Gemeinden zur Verfügung. Für die zwölf *Kvarterløft*-Gebiete sind es insgesamt knapp 490 Millionen Euro (162,5 Millionen Euro nationale Fördermittel plus in der Regel zwei Drittel Komplementärfinanzierung der Kommune zumindest in Kopenhagen) für eine siebenjährige Laufzeit (erste und zweite Programmrunde). Rein mathematisch steht damit jedem dänischen *Kvarterløft*-Projekt annähernd die zehnfache Summe dessen zur Verfügung, was für ein deutsches Gebiet an Soziale Stadt-Mitteln veranschlagt wird. Allerdings zielt der deutsche Programmansatz von vornherein stärker auf Bündelungseffekte mit anderen öffentlichen und privaten Finanzierungsmöglichkeiten ab. In der Zwischenevaluierung zur Sozialen Stadt wird allerdings darauf hingewiesen, dass die in Deutschland zur Verfügung stehende Summe nur dann ausreicht, wenn die programmatisch vorgesehene Mittelbündelung tatsächlich funktioniert (BBR/IfS 2004: 183). In beiden Ländern steht der investive Mitteleinsatz insbesondere für städtebaulich-bauliche Maßnahmen und Projekte im Vordergrund. Die Finanzierungsgrundlage der beiden Wiener Grätzelmanagement-Projekte nimmt sich im Vergleich bescheiden aus: Zwar stehen hier für die vierjährige Laufzeit insgesamt 1,85 Millionen Euro allein zur Deckung aller Kosten zur Verfügung, die im Zusammenhang mit der Vor-Ort-Arbeit anfallen (Personal- und Sachkosten, Beteiligung und Kleinstprojekte). Alle anderen Projekte und Maßnahmen müssen jedoch aus Regelmitteln des Bezirks oder der Stadt finanziert werden.

Organisation auf Verwaltungsebene, ressortübergreifende Zusammenarbeit, Federführung

Mit Blick auf Management und Organisation integrativer Stadtteilentwicklung auf Verwaltungsebene lassen sich einerseits Parallelen zwischen Deutschland und Dänemark, andererseits größere Unterschiede beider Länder zur Situation in Wien feststellen. In Deutschland haben die Ergebnisse der Programmbegleitung zur Sozialen Stadt gezeigt, dass für weit mehr als die Hälfte der Programmgebiete ein ressortübergreifendes Gremium auf Verwaltungsebene eingerichtet wurde. Dieses ist allerdings in einigen Fällen nicht mit allen relevanten Ressorts besetzt und nicht immer Garant für „echtes" integratives Handeln – insbesondere wenn eigene Ressortmittel in den Prozess eingebracht werden sollen (Stichwort „Ämteregoismen"; vgl. Difu 2003: 179 ff.) oder wenn Bau- und Sozialdezernate nur unzureichend kooperieren (vgl. BBR/IfS 2004: 101). In Dänemark ist die Einrichtung ressortübergreifender Arbeitsstrukturen zwischen Land und Kommune vertraglich verpflichtend geregelt. Allerdings verfügt die Kopenhagener *Administrative Reference Group* über keine echten Entscheidungsbefugnisse und gelangt nur unter Schwierigkeiten zu tatsächlicher ressortübergreifender Kooperation (vgl. Abschnitt 2.4.1). In Wien ist bisher gar kein ämterübergreifendes Gremium etabliert worden; in Ansätzen übernimmt die Magistratsdirektion diese Funktion. Ressortübergreifende Zusammenarbeit findet in Wien überwiegend projektbezogen statt und muss meistens vom Grätzelmanagement selbst organisiert werden (vgl. Abschnitt 3.4.1). In allen drei Ländern wird daher von verschiedenen Akteuren die Verbesserung der ressortübergreifenden, gebietsbezogenen Zusammenarbeit unter anderem im Hinblick auf Entscheidungskompetenzen und eine stringente Organisation gefordert (vgl. für Deutschland: BBR/IfS 2004: 51, 96 f. sowie PvO 2003: 263).

Die Federführung für die Programmumsetzung Soziale Stadt liegt in Deutschland mehrheitlich im Bereich Bauen/Planung/Stadtentwicklung (vgl. Difu 2003: 88), was vor allem auf die Verankerung der Sozialen Stadt im Bereich Städtebauförderung zurückzuführen ist. Insbesondere in der Zwischenevaluierung des Programms wird diese städtebauliche Dominanz als zu einseitig kritisiert und dafür plädiert, in den Kernbereichen der Programmsteuerung und -umsetzung neben dem Baudezernat wenigstens noch das Sozialdezernat dauerhaft zu beteiligen (vgl. BBR/IfS 2004: 98). Die bereichsübergreifende Zusammenarbeit wird lediglich in rund der Hälfte der am Programm teilnehmenden Kommunen von einer/m dafür zuständigen Mitarbeiter/in auf Verwaltungsebene – meist aus dem federführenden Ressort – gesondert gemanagt (Gebietsbeauftragte/r).

In Kopenhagen ist die Programmumsetzung politisch beim *Finance Commitee* unter Vorsitz des Oberbürgermeisters sowie organisatorisch bei der Finanzverwaltung (städtisches *Kvarterløft*-Sekretariat) angesiedelt. Letztere ist auch für die Organisation der ressortübergreifenden Zusammenarbeit zuständig (vgl. Abschnitt 2.4.1). Allerdings können hier die vergleichsweise starke inhaltliche „Neutralität" und die koordinierende Position des städtischen *Kvarterløft*-Sekretariats die Probleme, die unter anderem aufgrund des Kopenhagener *Mayor*-Systems entstehen, nur eingeschränkt überwinden. In Wien schließlich liegt die Federführung für das Grätzelmanagement bei der auch für die Gebietsbetreuungen zuständigen Magistratsdirektion MA 25 sowie beim Wiener Wirtschaftsförderungsfonds (WWFF; vgl. Abschnitt 3.4.1), der allerdings als Endbegünstigter der EU-Ziel-2-Förderung letztlich die stärkere Position innehat.

Die starke Einbindung der Wirtschaftsförderung in Wien kann sich aus deutscher Perspektive durchaus als interessante Option darstellen, zumal in der Zwischenevaluierung des Programms Soziale Stadt auf die mangelnde Kooperationsbereitschaft von Institutionen und Organisationen vor allem in den Bereichen Wirtschaft und Arbeitsmarkt hingewiesen und eine solche Einbindung explizit gewünscht wird (vgl. BBR/IfS 2004: 111 ff.). Allerdings zeigen sich in der Wiener Umsetzung die bereits genannten Probleme der einseitigen Projektausrichtung – hier in Richtung Wirtschaftsentwicklung –, verbunden mit Erfolgsdruck und einer mitunter zu kurzen Laufzeit; die mangelnde (kurzfristige) Erreichbarkeit der lokalen Gewerbetreibenden stellt sich in den Wiener Grätzelmanagement-Gebieten als großes Problem dar.

Organisation auf Quartiersebene

Die vielleicht größte Übereinstimmung der Ansätze in allen drei Ländern liegt in der Einrichtung von Vor-Ort-Büros in den benachteiligten Quartieren. In Deutschland gilt dies für rund 80 Prozent der Gebiete (vgl. Difu 2003: 183). In Dänemark ist die Einrichtung eines lokalen Projektsekretariats (vgl. Abschnitt 2.4.2) – quasi als Pendant zum *Kvarterløft*-Sekretariat auf Verwaltungsebene – zwingende Voraussetzung des Stadtteilentwicklungsprozesses. Dies findet sich so auch in den Programmvereinbarungen zwischen Kommune und Ministerium wieder. Der Wiener Grätzelmanagement-Ansatz basiert von vornherein sehr stark auf der Organisation der lokalen Ebene, weshalb die Frage der Einrichtung von Quartiersbüros an zentraler Stelle unstrittig war (vgl. Abschnitt 3.4). Sehr starke Ähnlichkeiten zwischen den drei Ländern finden sich auch bei der Aufgabenstellung für die Vor-Ort-Arbeit: Aktivierung, Beteiligung, Vernetzung, Öffentlichkeitsarbeit und Projektinitiierung werden grundsätzlich genannt.

Darüber hinaus spielt auf der Quartiersebene die Bündelung von Projektmitteln oftmals eine große Rolle, wobei es hier durchaus zu unterschiedlichen Ausprägungen kommt, insbesondere wenn man die Personalausstattung der lokalen Büros sowie die Frage, ob diese Aufgabe nur an dieser Stelle sinnvoll bewältigt werden kann, in den Vergleich einbezieht. So liegt die Mittelbündelung in Kopenhagen bewusst in Händen der lokalen Projektsekretariate, die mit ihrer sehr guten personellen Ausstattung dafür bestens gerüstet sind. Hier arbeiten zwischen sechs und vierzehn Personen, die teils bei der Verwaltung, teils bei anderen Institutionen angestellt sind (vgl. Abschnitt 2.4.2). In Wien übernehmen die Grätzelmanagements – bestehend aus dem Grätzelmanager „Bevölkerung und Soziales", dem für beide Gebiete zuständigen Grätzelmanager „Wirtschaft" sowie den „klassischen" Teams der Gebietsbetreuungen mit je mehreren Mitarbeiterinnen und Mitarbeitern – ebenfalls Bündelungsfunktionen. Dies ist vor allem auf das Fehlen einer ressortübergreifenden Arbeitsgruppe auf Verwaltungsebene zurückzuführen (vgl. Abschnitt 3.4.1).

In den Quartiersbüros der deutschen Programmgebiete sind in der Regel lediglich ein bis drei Fachkräfte beschäftigt, die zudem nur teilweise über eine volle Stelle verfügen. Soll hier die Aufgabe der Mittelbündelung bewältigt werden – für einen nicht unerheblichen Teil der Programmgebiete trifft dies zu –, kommt es schnell zu einer Überforderung der lokalen Mitarbeiterinnen und Mitarbeiter oder sogar zur Behinderung der Wahrnehmung anderer Aufgaben (vgl. BBR/IfS 2005: 106). Auch hier weist die Ansiedlung der Bündelungsfunktion beim lokalen Quartiermanagement auf eine oftmals nur unzureichende bereichsübergreifende Kooperation der Verwaltungsressorts hin. Hinzu kommt, dass die Beschäftigten der lokalen Projektsekretariate in Kopenhagen und der Wiener Grätzelmanagement-Büros in der Regel über die gesamte Programm- bzw. Projektlaufzeit angestellt sind (Kopenhagen: sieben Jahre; Wien: vier Jahre), in deutschen Programmgebieten dagegen Verträge oftmals nach ein bis zwei Jahren neu ausgehandelt werden müssen. Dies kann sich ungünstig sowohl auf die Planungssicherheit für Projekte und Maßnahmen als auch auf die Arbeitsmotivation der vor Ort Beschäftigten auswirken (vgl. Difu 2003: 183 f., 230; BBR/IfS 2004: 95).

Organisation im intermediären Bereich

Im intermediären Bereich zwischen der Verwaltungs- und der Quartiersebene geht es nicht nur um vertikale Kommunikation zwischen diesen beiden Bereichen, sondern auch um die Einbeziehung von verwaltungsexternen Akteuren – Vertreter/innen von Markt, Trägerlandschaft, Politik – in die unmittelbaren Belange der Stadtteilentwicklung *(Governance)*. Dies geschieht in Deutschland überwiegend im Rahmen von öffentlichen Stadtteilforen, in denen Wünsche, Ziele, Maßnahmen und Projekte für die Quartiersentwicklung diskutiert werden. Aus ihnen gehen meist thematische Arbeitsgruppen hervor, die Projekte und Entwicklungsziele detailliert bearbeiten (vgl. Difu 2003: 182). Ähnliches gilt für die Situationen in Kopenhagen und Wien, wo jeweils zweimal jährlich „Kvarterforen" bzw. „Grätzelforen" veranstaltet werden, aus denen sich ebenfalls thematische Arbeitsgruppen gegründet haben (vgl. Abschnitte 2.4.3 und 3.4.3).

Unterschiede lassen sich jedoch im Hinblick auf die Entscheidungsbefugnisse und – damit verbunden – die Rolle dieser Gremien im Gesamtprozess feststellen: In den deutschen Programmgebieten haben solche Foren in vielen Fällen nur beratende Funktion, so dass der Weg vom Vorschlag zum Plan oder genehmigten Projekt von der Frage bestimmt wird, ob und wie sich Verwaltung und Politik bereits an dieser Stelle einbringen, wieviel Spielraum sie den lokalen Akteuren zugestehen, und wie effizient sie die *bottom up* formulierten Ideen durch den weiteren Entscheidungsprozess in Verwaltung und Rat transportieren können bzw. wie stark dort die Tendenz zum Entgegenkommen ausgeprägt ist („Rückendeckung" durch Politik und Verwaltung). In Kopenhagen und Wien ist die Situation im Grundsatz ähnlich, allerdings spielt in beiden Städten der *Bottom-up*-Ansatz – also die Formulierung von Vorstellungen zur Gebietsentwicklung aus dem Quartier heraus mit nur geringer Intervention im Vorfeld durch Verwaltung und Politik – eine größere Rolle als in vielen deutschen Kommunen. Außerdem wurden sowohl in den *Kvarterløft*- als auch in den Grätzelmanagement-Gebieten zusätzliche Steuerungsgremien eingerichtet, die in enger Zusammenarbeit mit den Foren und Arbeitsgruppen den *Bottom-up*-Prozess auf die Verwaltungsebene tragen (*Local Steering Groups* in Kopenhagen, Grätzelbeirat in Wien; vgl. Abschnitte 2.4.3 und 3.4.3). Dabei verfügen die *Local Steering Groups* zwar auch nicht über „echte" Entscheidungskompetenzen, doch herrscht auf Kopenhagener Verwaltungsebene großer Konsens über die Akzeptanz der *bottom up* entwickelten Vorstellungen (vgl. Abschnitt 2.4.3). In den Wiener Grätzelmanagement-Gebieten finden Diskussionen und Abstimmungen über Projekte und Maßnahmen noch auf Forenebene statt – Ideen, über die dort Konsens erreicht wird, werden an den Grätzelbeirat weitergeleitet, der über die Vorschläge entscheidet.

Aus deutscher Perspektive fallen bei diesem Vergleich sowohl die klarer formulierte Definition von Zuständigkeiten und Aufgaben der in Kopenhagen und Wien jeweils beteiligten Ebenen und Gremien als auch eine stärkere Dezentralisierung von Gestaltungs- und Entscheidungsbefugnissen im Rahmen eines deutlicher ausgeprägten *Bottom-up*-Ansatzes in beiden Städten auf. Für die Situation in Deutschland wurde bereits auf die Notwendigkeit einer eindeutigeren Aufgabendefinition für alle beteiligten Ebenen sowie (vertraglicher) Regelungen über deren Zusammenarbeit hingewiesen (vgl. Difu 2003: 186 f.). Gerade eine Verbesserung der vertikalen Kooperation wird allerdings auch von Akteuren in Wien gefordert.

Aktivierung, Beteiligung, Empowerment

In allen drei Ländern sprechen sich Akteure der Programmumsetzung und -begleitung für die Entwicklung eines konzeptionellen Profils zum Thema „Beteiligung" aus. Dies soll angesichts zum Teil sehr divergierender Vorstellungen zum Komplex Aktivierung/Beteiligung/*Empowerment* unter anderem Überlegungen zum Stellenwert von Partizipation im Gesamtprozess oder auch Angaben zu geeigneten Methoden enthalten (für Deutschland: PvO 2003: 206; BBR/IfS 2004: 127).

Integrierte Gebietsentwicklungskonzepte

In engem Zusammenhang mit dezentralen Management- und Organisationsstrukturen steht in Kopenhagen und Wien die Entwicklung der *Kvarterpläne* bzw. der Grätzelentwicklungskonzepte als Grundlagen für integrative Gebietsentwicklung (vgl. Abschnitte 2.4.4 und 3.4.4). In Dänemark ist die Erstellung eines *Kvarterplans* Bestandteil der Förderbedingungen. Dabei weist der Prozess von der Vorschlagsentwicklung in thematischen Arbeitsgruppen über die Verabschiedung in der Lokalen Steuerungsgruppe bis zum Beschluss im Stadtrat eben jenen deutlichen *Bottom-up*-Ansatz auf. Die Wiener Grätzelentwicklungspläne gehen einen ähnlichen Weg von Foren und thematischen Arbeitsgruppen über die abschließende Diskussion und Weiterleitung in den Grätzelbeirat bis zur Kenntnisnahme im Bezirk, sind aber deutlich offener („work in progress") und stärker auf kontinuierliche Fortschreibung angelegt. Einige Wiener Akteure sprechen sich daher für die Entwicklung eines qualifizierteren Entwicklungskonzeptes aus.

Für die deutschen Programmgebiete müssen laut Verwaltungsvereinbarung und Baugesetzbuch (§171e BauGB) zwar ebenfalls maßnahmenbegleitende Integrierte Handlungskonzepte erstellt werden, jedoch wird diese Fördervoraussetzung von den Ländern unterschiedlich stringent gehandhabt (vgl. BBR/IfS 2004: 84). Zumindest zum Zeitpunkt einer Difu-Umfrage im Jahr 2002 war erst für rund 80 Prozent der Gebiete ein Integriertes Handlungskonzept erstellt oder in Arbeit (vgl. Difu 2003: 75 ff.). Im Gegensatz zur Situation in Kopenhagen und Wien bleibt in Deutschland offen, ob ein solches Konzept zu Beginn der Programmumsetzung oder erst in deren Verlauf erarbeitet werden soll, was Unsicherheiten in Bezug auf die Gewichtung eines *Bottom-up*-Ansatzes im Gesamtprozess bzw. den Grad der Beteiligung bei der Konzepterstellung erzeugen kann (vgl. BBR/IfS 2004: 85 ff.). Dies zeigt sich auch in der Tatsache, dass hier im Gegensatz zu den *Kvarterløft-* und Grätzelmanagement-Ansätzen die Federführung für Entwicklung und Fortschreibung der Integrierten Handlungskonzepte zum Großteil bei der Verwaltung liegt (vgl. Difu 2003: 88), also in starkem Maße *Top-down*-Elemente enthalten sind. In der Zwischenevaluierung des Programms Soziale Stadt wird zudem darauf hingewiesen, dass Integrierte Handlungskonzepte nicht selten lediglich der Erfüllung der Förderrichtlinien dienen und darin Handlungsfelder in einigen Fällen rein additiv aufgelistet werden (BBR/IfS 2004: 85 f.).

In allen drei Ländern wird in diesem Zusammenhang betont, dass die Basis für ein „echtes" Integriertes Handlungskonzept die Entwicklung einer Vision oder eines Leitbildes als gemeinsamer Orientierungsrahmen für alle beteiligten Akteure und Ebenen. Eingeschlossen sein sollte die Klärung der Funktion des Programmgebiets im gesamtstädtischen Kontext. Eine detaillierte Problem- und Potenzialanalyse im Vorfeld der Programmumsetzung wird in allen drei Ländern für ebenso wichtig erachtet wie die Einbettung der integrativen Stadtteilentwicklungsansätze in gesamtstädtische Strategien. Die Formulierung von Zielen der Quartiersentwicklung müsse sich stärker an den realen Gegebenheiten – unter gleichberechtigter Berücksichtigung wenigstens der städtebaulichen *und* sozialen Belange – sowohl vor Ort als auch in der Gesamtstadt orientieren (vgl. für Deutschland: PvO 2003: 263; Difu 2003: 237; BBR/IfS 2004: 88, 180).

Verstetigung

Eine Besonderheit des dänischen Programms ist die frühzeitige und bereits in den Programmrichtlinien vorgeschriebene Planung einer Verstetigungsphase *(anchoring stage)* zur Sicherung der im Quartier aufgebauten Strukturen und Netzwerke nach Auslaufen der Sonderförderung (vgl. Abschnitt 2.4.6). In Kopenhagen wird die Installation eines Quartiershauses mit minimaler personeller Besetzung (meist 2 Mitarbeiter/innen) in jedem *Kvarterløft*-Gebiet als Voraussetzung für die Aufrechterhaltung der einmal geschaffenen Strukturen und Netzwerke auch nach Ende der Sonderförderung betrachtet. Außerdem wird vor allem die Weiterfinanzierung einzelner Projekte oder Maßnahmen aus regulären Ressortmitteln im Sinne der Nachhaltigkeit als Option betrachtet. Dies wird von einigen Akteuren allerdings mit Skepsis gesehen, weil in der Realität dahingehende Versprechungen bislang nicht eingelöst worden seien.

Perspektivische Überlegungen dieser Art spielen in Wien bisher eine nur untergeordnete Rolle, was dort von einigen Akteuren zum Teil massiv kritisiert wird. In Deutschland nimmt das Thema Verstetigung oder schrittweiser Ausstieg aus der Sonderförderung – abgesehen von wenigen Bundesländern, in denen bereits Gebiete aus entsprechenden Landesprogrammen entlassen wurden – erst allmählich Konturen an. Beispielsweise wird sowohl im Abschlussbericht der Programmbegleitung als auch in der Zwischenevaluierung darauf hingewiesen, dass die Planung der Verstetigung zukünftig möglichst frühzeitig – also bereits bei Aufstellung des Integrierten Handlungskonzeptes – berücksichtigt werden sollte (Difu 2003: 237; BBR/IfS 2004: 198).

5.   Anregungen für die Umsetzung des Programms „Soziale Stadt" in Deutschland

Betrachtet man die Managementansätze zur Umsetzung integrativer Stadtteilentwicklungskonzepte in Kopenhagen/Dänemark und Wien aus der deutschen Perspektive des Bund-Länder-Programms „Stadtteile mit besonderem Entwicklungsbedarf – die soziale Stadt", fallen neben vielen Gemeinsamkeiten auch einige teilweise gravierende Unterschiede auf, die im Sinne von „Reibungsflächen" Anregungen für die Diskussion über die weitere Programmgestaltung in Deutschland geben können.

Zu den Parallelen – Ausgangspunkt der Untersuchung und Auswahlkriterium für die Fallbeispiele – gehört der (zumindest aus der Konzeptperspektive) mehr oder weniger ausgeprägte Aufbau von Management- und Organisationsstrukturen zur Programmumsetzung auf Verwaltungsebene (ressortübergreifende Schnittstelle), im Quartier (Vor-Ort-Büros und lokale Arbeitsgruppen) sowie im intermediären Bereich (Foren und Steuerungsgremien). Eine weitere Gemeinsamkeit ist in diesem Zusammenhang die in allen drei Ländern nur eingeschränkt funktionierende ressortübergreifende Zusammenarbeit auf der kommunalen Verwaltungsebene. In Kopenhagen ist dies trotz vergleichsweise stringenter Richtlinien seitens des Programmgebers („Zwang") der Fall, in Wien liegt der Grund unter anderem in einer nur wenig ausgeprägten Bereitschaft zur Verwaltungsmodernisierung („Freiwilligkeit"). Vor dem Hintergrund dieser Beispiele ließe sich für die Situation in Deutschland die Frage diskutieren, mit welchen Vorgaben oder Anreizen sich jenseits der Überzeugung(skraft) einzelner Akteure Verbesserungen im Bereich der ämterübergreifenden Kooperation bewirken lassen oder ob ein solcher Versuch überhaupt sinnvoll sein kann. Der Fall Kopenhagen zeigt, dass allein die *formale* Einrichtung von Gremien im Sinne der Richtlinienerfüllung noch keine qualitätvolle Arbeit garantiert, wie sie in der Programmkonzeption eigentlich vorgesehen ist.

Die Schwäche im Bereich ämterübergreifender Zusammenarbeit wird sowohl in Wien als auch insbesondere in Kopenhagen durch ein vergleichsweise starkes Gewicht der integrierten Gebietsentwicklungskonzepte teilweise kompensiert. In Kopenhagen ist die Erarbeitung eines solchen Konzeptes auf der Gebietsebene unter maßgeblicher Beteiligung lokaler Akteure und vor allem der Quartiersbevölkerung zwingender Ausgangspunkt der Programmumsetzung. In Wien basiert die Durchführung der Pilotprojekte Grätzelmanagement ebenfalls in sehr starkem Maße auf lokal entwickelten integrierten Handlungskonzepten. Dadurch wird in beiden Städten dem *Bottom-up*-Prinzip der Konzepterarbeitung und -umsetzung eine viel größere Bedeutung beigemessen, als dies in vielen deutschen Programmgebieten der Fall ist. Vor diesem Hintergrund kann die Frage diskutiert werden, ob Qualitätsvereinbarungen zu Integrierten Handlungskonzepten zwischen den programmverantwortlichen Ländern und den teilnehmenden Kommunen eine sinnvolle Ergänzung bisheriger Richtlinien in Deutschland sind.

Gleichzeitig ist aber auch deutlich geworden, dass ein starkes *Bottom-up*-Prinzip flexible Entscheidungsstrukturen auf der Verwaltungsebene als „Gegenspieler" benötigt. Dies ist in Kopenhagen durch drei Umstände gegeben: Erstens sind die Strukturen, innerhalb derer das *Kvarterløft*-Programm in den Gebieten umgesetzt wird, durch die Fördervorgaben stark vorgezeichnet. Zweitens ist die kommunale Programmkoordination in einem Projektsekretariat (in Deutschland wäre dies ein/e „Gebietsbeauftragte/r" als Koordinator/in; vgl. Difu 2003: 178 ff.) mit vergleichsweise großem Einfluss an inhaltlich neutraler Stelle (*Financial Department*, entspricht in Deutschland der Kämmerei) angesiedelt, die noch dazu direkt dem Oberbürgermeister untersteht. Drittens gibt es auf Verwaltungsseite wenn schon keine „echte" ressortübergreifende Zusammenarbeit, so doch einen großen Konsens, den von der lokalen Ebene weitergereichten Vorschlägen möglichst zuzustimmen. Wollte man dieses Modell auf die Situation in Deutschland übertragen, würde sich erneut die Frage einer stärkeren Regulierung der Programmumsetzung in den Kommunen durch den Programmgeber stellen. Die Ambivalenz strikter Richtlinien wird zwar auch in Dänemark diskutiert, allerdings wäre aus deutscher Perspektive hier die Einforderung wenigstens von Mindeststandards der Programmumsetzung in einigen Bundesländern unter Umständen hilfreich. Diese Forderungen könnten sich weniger auf die formale Ausbildung von Strukturen (siehe oben), sondern eher auf die Gewährleistung von *Prozessen* wie die Erstellung tatsächlich kohärenter Integrierter Handlungskonzepte konzentrieren (z.B. Regelung des Zusammenspiels von *Top-down-* und *Bottom-up*-Elementen, klare Aussagen zur Bedeutung von Aktivierung und Beteiligung inklusive Formulierung von Mindeststandards, klare Aussagen zur Bedeutung Integrierter Handlungskonzepte im Gesamtprozess inklusive Formulierung von Mindeststandards für die *Kohärenz* dieser Konzepte).

Die Diskussion in deutschen Kommunen, bei welcher Verwaltungsstelle die Federführung für integrative Stadtteilentwicklung anzusiedeln ist, kann sowohl vom Kopenhagener als auch vom Wiener Fallbeispiel neue Impulse erhalten. Zwar hat das dänische Programm *Kvarterløft* – ähnlich wie das Programm „Soziale Stadt" in Deutschland – einen städtebaulichen Schwerpunkt, doch ist durch die Ansiedlung der kommunalen Programmverantwortung im *Financial Department* (zumindest in Kopenhagen) kein inhaltliches Handlungsfeld – wie beispielsweise Planung oder Soziales – von vornherein begünstigt oder benachteiligt. Vor dem Hintergrund einer oftmals nur unzureichenden Einbindung der Wirtschaftsförderung in die Programmumsetzung Soziale Stadt stellt sich aus deutscher Perspektive die Rolle des Wiener Wirtschaftsförderungsfonds als federführender Projektträger ebenfalls als interessante Alternative dar, die sich in Form des Grätzelmanagers Wirtschaft bis auf die Quartiersebene durchschlägt. Jüngere Überlegungen zur Neugestaltung von Quartiermanagement in Deutschland wie beispielsweise das Vorhaben, in Berlin-Neukölln eine Schule und einen Migrantenverein mit diesen Aufgaben zu betrauen, zeigen, dass die Verantwortung von Managementprozessen nicht unbedingt bei „traditionell" dafür in Frage kommenden Ressorts und/oder Trägern liegen muss. So könnte auch der Bereich Wirtschaftsförderung stärker involviert werden.

Geht man zurück zur Frage einer stärkeren Reglementierung der Programmumsetzung, zeigen sowohl das Kopenhagener als auch das Wiener Beispiel einige Chancen und auch Begrenzungen strikter Programmvorgaben: Die vertraglich festgelegte Aufteilung des dänischen *Kvarterløft*-Ansatzes in eine Planungs-, eine Umsetzungs- und eine Verstetigungsphase lässt – verbunden mit inhaltlichen Anforderungen – zumindest keinen Zweifel darüber aufkommen, *dass* sowohl die Erstellung eines Integrierten Handlungskonzeptes als auch Überlegungen zur Verstetigung der im Quartier aufgebauten Strukturen und Netzwerke unabdingbare Bestandteile des Programmansatzes und damit Förderungsvoraussetzungen sind, deren Erfüllung nachgewiesen werden muss. Vorgaben zu inhaltlichen Handlungsfeldern stehen dagegen – ebenso wie eine strikte Begrenzung der Programmlaufzeit – auch in Dänemark in der Kritik. Die Wiener Situation dagegen leidet – zumindest aus Sicht vieler Akteure – unter zu starren Vorgaben (Erfolgsdruck aufgrund relativ kurzer Laufzeit, zu starke Ausrichtung an wirtschaftspolitischen Themen). Für die Situation in Deutschland könnte anhand dieser Beispiele diskutiert werden, ob eine stärkere Reglementierung wie in Dänemark sinnvoll ist, wobei allerdings zu starke Einschränkungen aufgrund unrealistischer Laufzeitbeschränkungen oder zu starrer inhaltlicher Vorgaben vermieden werden müssen.

Aus der Perspektive insbesondere der Programmgebiete in Deutschland erscheint die Form der Mittelbereitstellung in Dänemark besonders interessant: Hier wird das notwendige Budget auf der Grundlage des Finanzierungsplans als Bestandteil der Integrierten Handlungskonzepte bereits für die gesamte Laufzeit zur Verfügung gestellt *(fixed budget)*, womit Planungssicherheit nicht nur für Projekte, sondern auch für die Mitarbeiter/innen in den städtischen *Kvarterløft*- und lokalen Projektsekretariaten entsteht. Zwar gilt auch in Dänemark das Jährlichkeitsprinzip öffentlicher Haushalte, doch werden die nationalen Anteile am *Kvarterløft*-Programm über die gesamte Laufzeit zugesichert und die kommunalen Komplementärmittel der Stadt bereits vor der Haushaltsaufstellung aus einem städtischen Fonds bereitgestellt. Angesichts der Unsicherheiten über mittelfristige Finanzierungsperspektiven und Schwierigkeiten bei der ressortübergreifenden Mittelbereitstellung in vielen deutschen Programmgebieten kann dieses Vorgehen sicherlich Anreize für die Diskussion hierzulande bieten. Ein Beispiel, das in diese Richtung weist, ist das Bremer Programm „Wohnen in Nachbarschaften (WiN)", in dessen Rahmen die kommunalen Komplementärmittel bereits vor Verabschiedung des Haushalts aus den potenziellen Mitteln von sieben Ressorts zurückbehalten werden und dadurch als nicht ressortgebundenes Programmbudget zur Verfügung stehen.

Neben der Ressourcensicherheit ist auch der aus dem *Kvarterløft*-Programm bereitgestellte Mittelumfang in Kopenhagen bemerkenswert. Hier kann auch ohne Einsatz regulärer Ressortmittel viel im Stadtteil erreicht werden – inklusive der Finanzierung einer breiten Personalbasis. Dies kann einerseits darauf zurückzuführen sein, dass die günstigen (wirtschaftlichen) Rahmenbedingungen in Dänemark eine großzügige Programmausstattung zulassen, andererseits aber auch darauf schließen lassen, dass dem Thema (präventive) Entwicklung benachteiligter Stadtteile in Dänemark von staatlicher Seite eine noch größere Bedeutung beigemessen wird als in Deutschland, wo vieles von der Bereitschaft und Fähigkeit zur Ressourcenbündelung auf lokaler Ebene abhängt. Das Thema Ressourceneinsatz kann auch im Zusammenhang mit Verstetigungsansätzen diskutiert werden: In Kopenhagen wurde und wird die Erfahrung gemacht, dass Verstetigungsansätze nicht ohne den Einsatz materieller und personeller Ressourcen auch nach Auslaufen der Sonderförderung zu realisieren sind. Hier gelten Quartiershäuser als physische Ankerpunkte im Gebiet mit einer personellen Mindestausstattung zur Aufrechterhaltung insbesondere der aufgebauten Netzwerke als unabdingbare Voraussetzung für die Weiterentwicklung der benachteiligten Quartiere nach Programmende. In Wien spielt unter dem Stichwort Verstetigung die Aufgabenerweiterung der ohnehin bestehenden (und aus regulären Ressortmitteln sowieso zu finanzierenden) Gebietsbetreuungen eine zentrale Rolle nicht nur für die Weiterarbeit in den Projektgebieten nach Auslaufen der Sonderförderung, sondern auch im Hinblick auf eine stadtweite Übertragung dieses Ansatzes. In beiden Städten scheint also Verstetigung ohne einen weiteren bzw. einen „Mindest"-Ressourceneinsatz für dauerhaftes Quartiermanagement in den benachteiligten Stadtteilen kaum vorstellbar zu sein, was ebenfalls ein interessanter Denkansatz für die Umsetzung des Programms „Soziale Stadt" in Deutschland sein kann.

Quellen/Literatur

Programmumsetzung in Deutschland

BBR/IfS – Bundesamt für Bauwesen und Raumordnung im Auftrag des Bundesministeriums für Verkehr, Bau- und Wohnungswesen (Hrsg.) (2004): Die Soziale Stadt. Ergebnisse der Zwischenevaluierung. Bewertung des Bund-Länder-Programms „Stadtteile mit besonderem Entwicklungsbedarf – die soziale Stadt" nach vier Jahren Programmlaufzeit. Berlin 2004. Bearbeiter: IfS Institut für Stadtforschung und Strukturpolitik GmbH.

Difu – Deutsches Institut für Urbanistik im Auftrag des Bundesministeriums für Verkehr, Bau- und Wohnungswesen (Hrsg.) (2003): Strategien für die Soziale Stadt. Erfahrungen und Perspektiven – Umsetzung des Bund-Länder-Programms „Stadtteile mit besonderem Entwicklungsbedarf – die soziale Stadt. Bericht der Programmbegleitung. Berlin 2003.

Difu – Deutsches Institut für Urbanistik (Hrsg.) (2002): Die Soziale Stadt. Eine erste Bilanz des Bund-Länder-Programms „Stadtteile mit besonderem Entwicklungsbedarf – die soziale Stadt". Berlin 2002.

PvO – Gemeinsames Resümeepapier aller Programmbegleitung-vor-Ort-Teams (2003): Soziale Stadtteilentwicklung geht alle an! In: Difu – Deutsches Institut für Urbanistik im Auftrag des Bundesministeriums für Verkehr, Bau- und Wohnungswesen (Hrsg.): Strategien für die Soziale Stadt. Erfahrungen und Perspektiven – Umsetzung des Bund-Länder-Programms „Stadtteile mit besonderem Entwicklungsbedarf – die soziale Stadt. Bericht der Programmbegleitung. Berlin 2003, S. 262-264.

Kopenhagen/Dänemark

Andersen, John, und Jørgen Elm Larssen (2003): Social inclusion and spatial inequality in the City – The Danish case. Paper for Australian Social Policy Conference 2003 „Social Inclusion", Sydney, July 9th-11th. Roskilde University, University of Copenhagen 2003.

By- og Boligministeriet (2000): Bekendtgørelse af lov om byfornyelse, LBK nr 897 af 25/09/2000 (Historisk) [Internet]. URL: http://www.retsinfo.dk/_GETDOC_/AC CN/A20000089729-REGL (Stand: 03/2005).

City of Copenhagen – Finance Administration (Hrsg.) (2002): City Government and Administration 2002-2005. Kopenhagen 2002.

Engberg, Lars A., und Svend Bayer (2001): The two faces of consensus-steering. Paper presented at the Danish Building and Urban Research/EURA Conference: Area-based initiatives in contemporary urban policy – innovations in city governance, 17.-19.5.2001. Kopenhagen 2001.

ENSURE (Hrsg.) (2003): ENSURE Guidebook – Kongens Enghave Case Study [Internet]. 2003. URL: http://www.ensure.org/guidebook/new/cases/kgs_enghave/main.htm (Stand: 03/2005).

Etherington, David (2003): Welfare Reforms, Local Government and the Politics of Social Inclusion: Lessons from Denmark's Labour Market and Area Regeneration Programmes. Roskilde University, research Paper No. 4/03.

København Kommune (a) – Økonomiforvaltningen, Kvarterløftssekretariatet: New Ways in Urban Renewal [Internet]. URL: http://www.kvarterloeft.kk.dk/kvarterloeft/ pegasus.nsf/81adbca3a1df74a04125646d0030ab1d/20f0ce3f8fafc204c1256c630 04f5bbe?OpenDocument (Stand: 03/2005).

København Kommune (b) – Økonomiforvaltningen, Kvarterløftssekretariatet: Holistic approach and co-operation [Internet]. URL: http://www.kvarterloeft.kk.dk/kvarter loeft/pegasus.nsf/004a4550b59af6b5c1256c64002d2a12/17af889e77e4db99c12 56c640030ab43?OpenDocument (Stand: 03/2005).

København Kommune (c) – Økonomiforvaltningen, Kvarterløftssekretariatet: Karte des Kvarterløft-Gebiets Nord-Vest [Internet]. URL: http://www.kvarterloeft.kk.dk/kva rterloeft/gfx.nsf/files/skort_nordvest.jpg/$file/skort_nordvest.jpg (Stand: 03/ 2005).

København Kommune – Økonomiforvaltningen, Kvarterløftssekretariatet (Hrsg.) (2001a): Kvarterløft Copenhagen. Kopenhagen 2001.

København Kommune – Økonomiforvaltningen, Kvarterløftssekretariatet (2001b): Nordvest. Kvarterløftprojekt. Grundhaefte [Internet]. Kopenhagen 2001. URL: http://www.kvarterloeft.kk.dk/kvarterloeft/pegasus.nsf/d95d90508b37c847c12569 1500343e0b/15e4cd6e3f8336e3c12569a700675923/$FILE/Nordvest.pdf (Stand: 03/2005).

København Kommune – Økonomiforvaltningen, Kvarterløftssekretariatet (2001c): Ydre Nørrebro Syd. Kvarterløftprojekt. Grundhaefte [Internet]. Kopenhagen 2001. URL: http://www.kvarterloeft.kk.dk/kvarterloeft/pegasus.nsf/d95d90508b37c847c12569 1500343e0b/9de0a3cca6e67dfbc12569a70067658d/$FILE/_19qdn4sj5c9p6u82g c5p6m82bepgn4t35e8g0_.pdf (Stand: 03/2005).

København Kommune – Økonomiforvaltningen, Kvarterløftssekretariatet (2004a): Øresundsvejkvarteret. Områdefornyelse [Internet]. Kopenhagen 2004. URL: http://www.kvarterloeft.kk.dk/kvarterloeft/pegasus.nsf/31842926b5bbc6a8c12569 15003ad6db/dde5bf6891a7c38cc1256f470045f588/$FILE/Oresundsvej.pdf (Stand: 03/2005).

København Kommune – Økonomiforvaltningen, Kvarterløftssekretariatet (2004b): Mimersgadekvarteret. Områdefornyelse [Internet]. Kopenhagen 2004. URL: http://www.kvarterloeft.kk.dk/kvarterloeft/pegasus.nsf/31842926b5bbc6a8c12569 15003ad6db/42bda3e7cf2e70d0c1256f8c00521cb9/$FILE/Mimersgade.pdf (Stand: 03/2005).

København Kommune – Økonomiforvaltningen, Kvarterløftssekretariatet (2004c): Omradefornyelse, Kvarterløft og Partnerskaber [Internet]. Kopenhagen 2004. URL: http://www.netpublikationer.dk/kk/5004/pdf/Kvarterloeft__omraadefornyelse_200 4.pdf (Stand: 03/2005).

København Kommune/By- og Boligministeriet (2001a): Samarbejdsaftale mellem Københavns Kommune og By- og Boligministeriet om kvarterløft på Ydre Nørrebro [Internet]. 2001. URL: http://www.kvarterloeft.kk.dk/kvarterloeft/gfx.nsf/Files/samar bejdsaftale%20Ydre%20N%F8rrebro%20Syd.doc/$file/samarbejdsaftale%20Ydre %20N%F8rrebro%20Syd.doc (Stand: 03/2005).

København Kommune/By- og Boligministeriet (2001b): Samarbejdsaftale mellem Københavns Kommune og By- og Boligministeriet om kvarterløft i Nordvest [Internet]. 2001. URL: http://www.kvarterloeft.kk.dk/kvarterloeft/gfx.nsf/Files/Sa marbejdsaftale%20Nordvest.doc/$file/Samarbejdsaftale%20Nordvest.doc (Stand: 03/2005).

Kvarterhuset Holmbladsgade: Foto arkiv – Arkitektur [Internet]. URL: http://www.kvarter huset.dk/foto_arkitektur.html (Stand: 03/2005).

Kvarterløft Nørrebro Park, Kvarterløftsekretariatet: Karte des Kvarterløft-Gebiets Nørrebro Park [Internet]. URL: http://yns.inforce.dk/graphics/Filer/Download/3dkvarter kort.jpg (Stand: 03/2005).

Kvarterløft Nørrebro Park, Kvarterløftsekretariatet (2002): Kvarterplan [Internet]. Kopenhagen 2002. URL: http://yns.inforce.dk/graphics/Filer/Kvarterplan.pdf (Stand: 03/2005).

Kvarterløft Nord-Vest, Kvarterløftsekretariatet (2002): Kvarterplan Nord-Vest 2001 [Internet]. Kopenhagen 2002.

Kvarterløft Nord-Vest (a): Kvarterforum [Internet]. URL: http://www.nvi.dk/sw618.asp (Stand: 03/2005).

Kvarterløft Nord-Vest (b): Åbne møder i styregruppen [Internet]. URL: http://www.nvi.dk/ sw341.asp (Stand: 03/2005).

Larsen, Jacob Norvig (2003): Kvarterløft – effects of an area-based and integrated Danish urban regeneration programme. The EURA/Eurocities conference European Urban Development, Research & Policy. The Future Of European Cohesion Policy. Budapest, Hungary, 28-30 August 2003.

Leonardsen, Lykke, Lasse Matthiessen, Jakob Klint, Gertrud Jørgensen, Gerdt Larsen und Kim Spiegelberg-Larsen (2003): The Danish Neighbourhood Regeneration Programme. Kvarterløft in Copenhagen. The Copenhagen report of the ENTRUST study [Internet]. August 2003. URL: http://ensure.org/entrust/cases/copenhagen/ (Stand: 03/2005).

Munk, Anders (2003): What has 3 years of Urban Regeneration taught us [Internet]? Ministeriet for Flygtninge, Indvandrere og Integration. 2003. URL: http://www. Inm.dk/Index/dokumenter.asp?o=112&n=1&d=2007&s=5 (Stand: 03/2005).

Munk, Anders (2001): Welfare Policies and the Residents in Distressed Neighbourhoods. The Danish Example. Paper presented at the Danish Building and Urban Research/EURA Conference: Area-based initiatives in contemporary urban policy – innovations in city governance, 17.-19.5.2001. Kopenhagen 2001.

Skifter Andersen, Hans (2002): Can Deprived Housing Areas Be Revitalised? Efforts Against Segregation and Neighbourhood Decay in Denmark and Europe. Urban Studies 39 (4) 2002.

Skifter Andersen, Hans, Helle Nørgård und Dan Ove Pedersen (2000): Danish report on national trends, urban policies and cities and neigbhbourhoods selected for the UGIS project. Danish Building Research Institute, Housing and Urban Research Division. Kopenhagen 2000.

Styregruppen for Kvarterløft Nord-Vest (Hrsg.) (2004): 3 år med Kvarterløft Nord-Vest. Kopenhagen 2004.

Wichmann Matthiessen, Christian (2004): Denmark's national urban showcase: the Öresund Area Regional Development. In: Van den Berg, Leo, Erik Braun und Jan van der Meer, National Urban Policies in the European Union. European Institute for Comparative Urban Research (EURICUR) und Erasmus University Rotterdam 2004, S. 70-71.

Wien/Österreich

Berger, Gerhard (2004): Die Rolle der Gebietsbetreuungen in der Wiener Stadterneuerung [Internet]. Wien 2004. URL: http://www.gebietsbetreuungen.wien.at/htdocs/rolle-gebietsbetreuung.htm (Stand: 03/2005).

Breitfuss, Andrea, und Jens S. Dangschat (2001): Pilotprogramm „Grätzel-Management Wien". Konzeptpapier B – Projektebene. Technische Universität Wien – Institut für Stadt- und Regionalforschung (srf) (unveröffentlichtes Konzeptpapier). Wien 2001.

Breitfuss, Andrea, Jens S. Dangschat, Oliver Frey und Alexander Hamedinger (2004): Städtestrategien gegen Armut und soziale Ausgrenzung. Herausforderungen für eine sozialverträgliche Stadterneuerungs- und Stadtentwicklungspolitik. durch stadt + raum – Verein für raumbezogene Sozialforschung im Auftrag der Arbeiterkammer Wien. Wien 2004.

Dangschat, Jens S. (2001): Pilotprogramm „Grätzel-Management Wien". Konzeptpapier A – Programmebene. Technische Universität Wien – Institut für Stadt- und Regionalforschung (srf) (unveröffentlichtes Konzeptpapier). Wien 2001.

Förster, Wolfgang (2002): Sozialer Wohnungsbau in Wien – 80 Jahre Erfolg und Herausforderung [Internet]. Wien 2002. URL: http://www.gebietsbetreuungen.wien.at/htdocs/sozialeswohnen.htm (Stand: 03/2005).

Förster, Wolfgang (2004a): Stadterneuerung – Der Wiener Weg. In: Sterk, Robert und Harald Eisenberger, Wiens sanfte Erneuerung. Wien 2004, S. 9-25.

Förster, Wolfgang (2004b): Wiens Stadterneuerung zwischen Staat und Markt? In: dérive – Zeitschrift für Stadtforschung, Heft 17 (Oktober-Dezember). Wien 2004, S. 22-25.

Gebietsbetreuung 2 Leopoldstadt (Hrsg.) (2005): Grätzelmanagement Volkert- und Alliiertenviertel. Texfassung des Jahresberichtes 2004. Wien 2005.

GM20 – Grätzelmanagement Viertel um den Wallensteinplatz (Hrsg.) (2002): Statut des Grätzelmanagements. Wien 2002.

GM20 – Grätzelmanagement Viertel um den Wallensteinplatz (Hrsg.) (2004a): Grätzel-entwicklungskonzept [Internet]. Wien 2004. URL: http://www.ziel2wien.at/ _scripts/get_download.php?id=12&typ=0&titel=Gr%E4tzelentwicklungskonzept (Stand: 03/2005).

GM20 – Grätzelmanagement Viertel um den Wallensteinplatz (Hrsg.) (2004b): Diskussi-onsentwurf Grätzelentwicklungskonzept – Kurzfassung (Stand: 30.9.2004) [Inter-net]. Wien 2004. URL: http://www.graetzelmanagement.at/20/navigation/docu ments/Kuzfassung-GREK_2004-09-30_V5.1.pdf (Stand: 03/2005).

GM20 – Grätzelmanagement Viertel um den Wallensteinplatz (Hrsg.) (2005): Jahresbe-richt 2004. Grätzelmanagement Viertel um den Wallensteinplatz (Stand: 7. Feb-ruar 2005) [Internet]. Wien 2005. URL: http://www.ziel2wien.at/_scripts/ get_download.php?id=11&typ=0&titel=Jahresbericht%202004 (Stand: 03/2005).

GM02 – Grätzelmanagement Volkert- und Alliiertenviertel (Hrsg.) (2003): Statut des Grät-zelmanagements. 1. Änderung vom April 2003. Wien 2003.

GM02 – Grätzelmanagement Volkert- und Alliiertenviertel (Hrsg.) (2004): Grätzelent-wicklungskonzept Volkert- und Alliiertenviertel (Stand: 1.10.2004) [Internet]. Wien 2004. URL: http://www.graetzelmanagement.at/02/content/documents/ GEK_Endversion.pdf (Stand: 03/2005).

Kapelari, Renate, und Roland Löffler (2004): Die Wiener Gebietsbetreuung – eine Dienst-leistung im Auftrag der Magistratsverwaltung 25 [Internet]. Wien 2004. URL: http://www.gebietsbetreuungen.wien.at/htdocs/dienstleistung-ma25.htm (Stand: 03/2005).

Magistrat der Stadt Wien – Magistratsabteilung 25 (Hrsg.) (2003): Wiener Gebiets-betreuungen, Highlights aus den Jahresberichten 2002. Wien 2003.

Magistrat der Stadt Wien – Magistratsabteilung 25 (Hrsg.) (2004a): Wiener Gebiets-betreuungen, Highlights aus den Jahresberichten 2003. Wien 2004.

Magistrat der Stadt Wien – Magistratsabteilung 25 (Hrsg.) (2004b): Gebietsbetreuung Le-opoldstadt 02-L, Jahresbericht 2003. Wien 2004.

Rode, Philipp (2004): Bottom-up, Empowerment, Sustainability, Upgrading: Aktuelle Stadterneuerungsstragien in Wien. In: dérive – Zeitschrift für Stadtforschung, Heft 17 (Oktober-Dezember). Wien 2004, S. 18-21.

Schindegger, Friedrich (2004): Austria: no national urban policies. In: Van den Berg, Leo, Erik Braun und Jan van der Meer, National Urban Policies in the European Union. European Institute for Comparative Urban Research (EURICUR) und Erasmus Uni-versity Rotterdam 2004, S. 67-68.

Stadt Wien (a) – Magistratsabteilung 27 EU-Strategie und Wirtschaftsentwicklung: Home-page der MA 27. Leitbild der Abteilung für EU-Strategie und Wirtschafts-entwicklung [Internet]. URL: http://www.wien.gv.at/meu/leitbild-euw.htm (Stand: 03/2005).

Stadt Wien (b) – Magistratsabteilung 27 EU-Strategie und Wirtschaftsentwicklung: Home-page der MA 27. Zielgebietsförderungen in Wien: Ziel 2 Wien [Internet]. URL: http://www.wien.gv.at/meu/i-ziel2.htm (Stand: 03/2005).

Stadt Wien (c) – Magistratsabteilung 25 Technisch-wirtschaftliche Prüfstelle für Wohnhäuser: Homepage der MA 25. Wiener Gebietsbetreuungen [Internet]. URL:
http://www.wien.gv.at/ma25/gebiet.htm (Stand: 03/2005).

Stadt Wien (d) – Magistratsdirektion MD-BD (Stadtbaudirektion): Homepage der MD-BD.
Aufgaben der MD-BD [Internet]. URL: http://www.wien.gv.at/advuew/inter
net/AdvPrSrv.asp?Layout=infoelement&Type=K&infocd=2000022212242092&A
USSEN=Y&Hlayout=personen (Stand: 03/2005).

Stadt Wien (e) – Magistratsdirektion – Geschäftsbereich Strategie, Gruppe Koordination:
Die Dezentralisierung in Wien. Allgemeines zur Dezentralisierung [Internet].
URL: http://www.wien.gv.at/organisation/kap31.htm (Stand: 03/2005).

Stadt Wien (f) – Magistratsdirektion – Geschäftsbereich Strategie, Gruppe Koordination:
Die Dezentralisierung in Wien. Organisation der Dezentralisierung [Internet].
URL: http://www.wien.gv.at/organisation/kap32.htm (Stand: 03/2005).

Stadt Wien (g) – Magistratsdirektion – Geschäftsbereich Strategie, Gruppe Koordination:
Die Dezentralisierung in Wien. Die Aufgaben der Bezirke [Internet]. URL:
http://www.wien.gv.at/organisation/kap33.htm (Stand: 03/2005).

Stadt Wien (h) – Magistratsabteilung 66 – Statistisches Amt der Stadt Wien: Wien-Statistik
aktuell (Online-Tabellen) [Internet]. URL: http://www.wien.gv.at/ma66/aktuell
(Stand: 03/05).

Stadt Wien (i) – Magistratsabteilung 18 – Stadtentwicklung: Stadtentwicklungsplan 2005.
Projektposter Partizipation Volkert- und Alliiertenviertel. Grätzelmanagement im
2. Bezirk (Ziel 2) [Internet]. URL: http://www.wien.gv.at/stadtentwicklung/
step/pdf/partizipation-poster-graetzel.pdf (Stand: 03/2005).

Stadt Wien (j) – Magistratsabteilung 27 – EU Strategie und Wirtschaftsentwicklung: Ziel 2
Wien. Gebiet [Internet]. URL: http://ziel2.wien.at/index.php?cccpage=plan (Stand:
03/2005).

Stadt Wien – Magistratsabteilung 18 – Stadtentwicklung (Hrsg.) (2005): Stadtentwicklungsplan (STEP) 2005 (1. Entwurf) [Internet]. Wien 2005. URL: http://www.
wien.gv.at/stadtentwicklung/step/step.htm (Stand: 03/2005).

Statistik Austria: Statistische Übersichten [Internet]. URL: http://www.statistik.at/statisti
sche_uebersichten/deutsch/start.shtml (Stand: 03/2005).

Steiner, Karin, Thomas Kreiml, Doris Muralter und Regina Erben-Hartig (2003a): Evaluierung des Pilotprojektes „Grätzelmanagement Volkert- und Alliiertenviertel" im 2.
Bezirk. Endbericht. Wien 2003.

Steiner, Karin, Thomas Kreiml, Doris Muralter und Regina Erben-Hartig (2003b): Evaluierung des Pilotprojektes „Grätzelmanagement Rund um den Wallensteinplatz" im
20. Bezirk. Endbericht. Wien 2003.

Sterk, Robert, und Harald Eisenberger (2004): Wiens sanfte Erneuerung. Wien 2004.

WWFF – Wiener Wirtschaftsförderungsfonds: Homepage des WWFF. Selbstdarstellung
„Über uns" [Internet]. URL: http://www.wwff.gv.at/wwff.aspx_param_target_is_
104272.v.aspx (Stand: 03/2005).

WWFF – Wiener Wirtschaftsförderungsfonds (Hrsg.) (2004): Wiener Wirtschaftsförderungsfonds WWFF – Jahresbericht 2003. Wien 2004.

WWFF – Wiener Wirtschaftsförderungsfonds (2001a): Antrag auf Gewährung von Fördermitteln im Rahmen des EU-Zielprogramms „Ziel 2-Wien". Projekt Grätzelmanagement im Viertel um den Wallensteinplatz – Teil 1: Wirtschaft (unveröffentliches Dokument). Wien 2001.

WWFF – Wiener Wirtschaftsförderungsfonds (2001b): Antrag auf Gewährung von Fördermitteln im Rahmen des EU-Zielprogramms „Ziel 2-Wien". Projekt Grätzelmanagement im Viertel um den Wallensteinplatz – Teil 2: Materielle Infrastruktur (unveröffentliches Dokument). Wien 2001.

WWFF – Wiener Wirtschaftsförderungsfonds (2003): Beilage zum Änderungsantrag auf Gewährung von Fördermitteln im Rahmen des EU-Zielprogramms „Ziel 2-Wien", Projekt Grätzelmanagement im Viertel um den Wallensteinplatz, 2.2 Projektbeschreibung (unveröffentliches Dokument). Wien 2003.

WZW (a) – Wissenstransfer Wien: Homepage WZW. Das Wissenschaftszentrum Wien als Kompetenzzentrum für Kommunales Wissensmanagement [Internet]. URL: http://www.wzw.at/ (Stand: 03/2005).

WZW (b) – Wissenstransfer Wien: Homepage WZW. Projekte – Grätzelmanagement in Wien [Internet]. URL: http://www.wzw.at/index.php?s=1&show=2&a=0&la=de (Stand: 03/2005).

Ziel 2 Wien (a): Homepage Ziel 2 Wien EU Fördergebiet. Projekte – Stadtplanung [Internet]. URL: http://ziel2.wien.at/index.php?cccpage=projekt_1 (Stand: 03/2005).

Ziel 2 Wien (b): Homepage Ziel 2 Wien EU Fördergebiet. Gebiet [Internet]. URL: http://ziel2.wien.at/index.php?cccpage=mission_gebiet (Stand: 03/2005).

Ziel 2 Wien (c): Homepage Ziel 2 Wien EU Fördergebiet. Finanztabelle [Internet]. URL: http://ziel2.wien.at/index.php?cccpage=mission_finanztabelle (Stand: 03/ 2005).

Ziel 2 Wien (d): Homepage Ziel 2 Wien EU Fördergebiet. Finanzierungsmodus [Internet]. URL: http://ziel2.wien.at/index.php?cccpage=mission_finanz_sub1 (Stand: 03/2005).

Anhang 1: Liste der Interviewpartner/innen

Kopenhagen

- Hans Skifter Andersen | Danish Building Research Institute (Statens Bygge-forskningsinstitut), wissenschaftlicher Mitarbeiter.

- Bjarne Holmbom | Bewohner des Quartiers Nord-Vest. Mitglied der Lokalen Steuerungsgruppe sowie mehrerer projektbezogener Arbeitsgruppen, Gewählter Vertreter für die Wohnform „Mietwohnungen".

- Jesper Langebæk | Lokaler Projektmanager im Kopenhagener Kvaterløft-Projekt Nørrebro Park.

- Lykke Leonardsen | Finance Department der Stadt Kopenhagen, Koordinatorin Internationale Kontakte.

- Ole Meinild | Bewohner des Quartiers Nord-Vest, Vorsitzender der Lokalen Steuerungsgruppe, Gewählter Vertreter für die Wohnform „Genossenschaftswohnungen".

- Dan Mogensen | Leiter des städtischen Kvarterløft-Sekretariats.
- Per Schulze | Lokaler Projektmanager im Kopenhagener Kvarterløft-Projekt Nord-Vest.

Wien

- Wolfgang Augsten | WWFF Wiener Wirtschaftsförderungsfonds, Leiter des Ziel-2-Büros.

- Gerhard Berger | Magistratsdirektion – Stadtbaudirektion, Geschäftsstelle Infrastruktur und Stadterneuerung, Leiter des Bereichs Stadterneuerung.

- Martin Forstner | Grätzelmanager „Bevölkerung und Soziales", Viertel um den Wallensteinplatz (GM20).

- Rainer Hauswirth | WZW Wissenschaftszentrum Wien, Projektmanager.
- Renate Kapelari | Magistratsabteilung 25, Leiterin der Gruppe Gebietsbetreuungen.

- Gerhard Kubik | Bezirksvorsteher 2. Bezirk (Wien-Leopoldstadt).
- Michael Kugler | Grätzelmanager „Wirtschaft" für das Viertel um den Wallensteinplatz und das Volkert- und Alliiertenviertel.

- Thomas Kreiml | abif (analyse beratung und interdisziplinäre forschung), Projektassistent.

- Roland Löffler | Leiter der Magistratsabteilung 25.
- Peter Mlczoch | Leiter der Gebietsbetreuung Leopoldstadt/Grätzelmanagement Volkert- und Alliiertenviertel (GM02).

- Rene Selinger | Grätzelmanager „Bevölkerung und Soziales", Volkert- und Alliiertenviertel (GM02).

Anhang 2: Frageleitfaden deutsch und englisch

Verein für Kommunalwissenschaften e.V. · Berliner Bank BLZ 100 200 00 Konto-Nr. 9901 965 500 · Postbank Berlin BLZ 100 100 10 Konto-Nr. 17516-106

Bundestransferstelle Soziale Stadt
- Internationaler Erfahrungsaustausch -

Untersuchung von ausländischen Fallbeispielen,
Integrative Stadtteilentwicklungsansätze in Dänemark und Österreich

Gesprächsleitfaden „Quartiermanagement"
Fallbeispiel Wien „Grätzelmanagement"

1. Rahmenbedingungen: Programm „Grätzelmanagement"

- Seit wann gibt es das Programm „Grätzelmanagement"?
- Was waren die Auslöser, weshalb das Programm „Grätzelmanagement" aufgelegt worden ist?
- Was sind die Hauptzielsetzungen des Programms „Grätzelmanagement"?

2. Rahmenbedingungen: Gebiet

- Nach welchen Kriterien wurde das Gebiet ausgewählt?
- Welche Probleme und Potenziale wurden für das Gebiet identifiziert? Wie lässt sich das Gebiet charakterisieren?
- Haben Sie für das Gebiet ein Monitoringsystem eingerichtet?

3. Rahmenbedingungen: Organisation

- An welcher Stelle liegt die Verantwortung für die Programmumsetzung in der Kommune?
- Inwieweit ist der Prozess der Programmumsetzung kommunalpolitisch abgedeckt?
- Wie ist die Politik auf Verwaltungs-, Quartiers- und intermediärer Ebene in die Programmumsetzung (kontinuierlich) eingebunden?

4. Organisation der Programmumsetzung

4.1 Verwaltungsebene

- Gibt es bei Ihnen eine ämterübergreifende Zusammenarbeit?
- Wenn ja: Wie ist diese ämterübergreifende Zusammenarbeit organisiert?
- Bei wem liegt die Federführung für die ämterübergreifende Zusammenarbeit?

- Gibt es einen zentralen Ansprechpartner für die horizontale Koordination der beteiligten Ämter?

  [„Gebietsbeauftragter"]
- Welche Ämter/Akteure nehmen an welchen Abstimmungsrunden teil?
- Welche Aufgaben, Funktionen und Ziele haben diese ämterübergreifende Steuerungs-/Kooperationsgremien?
- Haben diese ämterübergreifenden Steuerungs-/ Kooperationsgremien Entscheidungsbefugnisse? Wenn ja: bis zu welchem Grad?
- Wie schätzen Sie die Zusammenarbeit der verschiedenen Ämter auf der Verwaltungsebene ein?
- Wie ist die Kommunikation mit der Quartiersebene und dem intermediären Bereich organisiert?

  [Schnittstellen Verwaltung-intermediär sowie intermediär-Quartier]
- Wie schätzen Sie die Qualität dieser vertikalen Kommunikation ein?

4.2 Quartiersebene

- Haben Sie im Gebiet ein Vor-Ort-Büro eingerichtet?
- Wenn ja:
  - ☑ Welche Aufgaben und Ziele werden damit verfolgt?
  - ☑ Welche Arbeitsstruktur hat das Büro?
  - ☑ Wie ist die personelle Ausstattung?

    [Anzahl Stellen, Qualifikation, Laufzeit der Verträge]
- Wie wird die Arbeit auf der Quartiersebene finanziert?

  [Büro, GWA, Personal- und Sachkosten]
- Welcher Zeithorizont ist für das die Vor-Ort-Arbeit vorgesehen?

  [„Überflüssig-Machen" – Dauereinrichtung]
- Welche Rolle spielt Gemeinwesenarbeit (Aktivierung, Empowerment, Partizipation) für die Arbeit vor Ort?
- Welche Aktivierungsmethoden werden vor Ort eingesetzt?
- Wie schätzen Sie die Erreichbarkeit verschiedener Bevölkerungsgruppen im Quartier ein?
- Wie schätzen Sie die Mitarbeit lokaler Akteure ein?
- Ist für die Arbeit vor Ort ein Verfügungsfonds eingerichtet worden? Wenn ja: Wie ist die Vergabe der Gelder organisiert?
- Welche Erfolge und Misserfolge gibt es aus Ihrer Sicht bei der Arbeit vor Ort?
- Wie ist die Kommunikation mit der Verwaltungsebene und dem intermediären Bereich organisiert?

  [Schnittstellen Verwaltung-intermediär sowie intermediär-Quartier]
- Wie schätzen Sie die Qualität dieser vertikalen Kommunikation ein?

Verein für Kommunalwissenschaften e.V. · Berliner Bank BLZ 100 200 00 Konto-Nr. 9901 965 500 · Postbank Berlin BLZ 100 100 10 Konto-Nr. 17516-106

4.3 Intermediärer Bereich

- Ist der intermediäre Bereich zwischen Politik, Verwaltung, Wirtschaft, Trägern, Bevölkerung und anderen lokalen bzw. lokal wirksamen Akteuren gesondert organisiert?
- Wenn ja: Wie werden sie organisiert?
- Welche Aufgaben, Funktionen und Ziele haben diese Gremien im intermediären Bereich?
- Wer nimmt an Gremien im intermediären Bereich teil?
- Welche Entscheidungen können im intermediären Bereich getroffen werden?
- Gibt es eine Moderation/Mediation im intermediären Bereich? Wenn ja: Wer füllt diese Rolle aus?
- Wie wird die Arbeit im intermediären Bereich finanziert?
  [Personal- und Sachkosten]
- Wie schätzen Sie die Zusammenarbeit innerhalb des intermediären Bereiches ein?
- Wie ist die Kommunikation mit der Verwaltungs- und der Quartiersebene organisiert?
  [Schnittstellen Verwaltung-intermediär sowie intermediär-Quartier]
- Wie schätzen Sie die Qualität dieser vertikalen Kommunikation ein?

5. Allgemeine Fragen

- Werden die Durchführung des Programms „Grätzelmanagement" und damit auch die dafür eingerichteten Management- und Organisationsstrukturen evaluiert?
- Wie schätzen Sie das Verhältnis von „Top down"- und „Bottom up"-Ansätzen im Rahmen der Programmumsetzung ein?
- Haben die eingerichteten neuen Management- und Organisationsformen zur einer generellen Veränderung von Verwaltungshandeln in Ihrer Kommune geführt?
- Welche Vorteile hat ein integrativer gebietsbezogener Handlungsansatz der Verwaltung einschließlich der dafür eingerichteten Management- und Organisationsformen?
- Welche Nachteile können Sie nennen?
- Was müsste Ihrer Meinung verändert werden, damit der integrative gebietsbezogene Ansatz inklusive seiner Management- und Organisationsformen noch besser funktionieren kann?
- Was sind aus Ihrer Sicht Erfolgsvoraussetzungen für einen integrativen gebietsbezogenen Ansatz?

Verein für Kommunalwissenschaften e.V. · Berliner Bank BLZ 100 200 00 Konto-Nr. 9901 965 500 · Postbank Berlin BLZ 100 100 10 Konto-Nr. 17516-106

Information Exchange Platform "Socially Integrative City"
- International exchange of experiences -

Case studies on integrated neighbourhood development approaches in Austria and Denmark

Questionnaire „Neighbourhood Management"
Case study Copenhagen „Kvarterløft"

1. **Overall Framework: National programmes** *(on integrative neighbourhood development etc.)*

- When was the programme *„Kvarterløft"* implemented a) in your country, b) in your community?
- For which reasons has this programme been implemented?
- What are the main goals of this programme? *(e.g. improvement of living conditions in neighbourhoods, urban renewal, empowerment of local inhabitants etc.)*

2. **Framework: the target area**

- Which criteria were used to define the target area? *(e.g. statistical indicators "vs." qualitative data gained from interviews etc.)*
- How can the target area be characterized in terms of problems and potentials?
- Is there any system for the continuous monitoring of the target area?

3. **Framework: Organisation of area-based approaches**

- Who/which level/department of local government is responsible for the programme implementation? *("backstopping" by public administration or the mayor or any heads of departments)*
- To which extent is the process of programme implementation supported by local politics?
- In which way are local politics involved in the daily process of programme implementation?

Verein für Kommunalwissenschaften e.V. · Berliner Bank BLZ 100 200 00 Konto-Nr. 990 1 965 500 · Postbank Berlin BLZ 100 100 10 Konto-Nr. 1751 6-106

4. Organisation of the programme implementation

4.1 Local Government level

- Does any form of inter-departmental co-operation exist in your community? If yes: Can you please describe the organizational patterns of this co-operation? *(forms of organisation, target area approach etc.)*
- Who is in overall charge of the inter-departmental co-operation?
- Has any contact person been nominated for the co-ordination of the inter-departmental co-operation? *("Area Representative")*
- Which players/departments are involved in which kind of coordination committee/steering group?
- What are the tasks and goals of these inter-departmental coordination committee(s) or steering groups?
- Do these inter-departmental coordination committee(s) or steering groups have decision-making powers? If yes, to which extent?
- From your point of view: Is the process of inter-departmental co-operation successful/sufficient? Are there any obstacles?
- How are co-operation and communication between local government, the neighbourhood and the intermediate level organized? *("Interface" local government – intermediate level; "Interface" intermediate level – neighbourhood)*
- From your point of view: Is the process of vertical co-operation/communication successful/sufficient? Are there any obstacles?

4.2 Neighbourhood level

- Has any on-site bureau been established in the neighbourhood?
- If yes:
  - ☑ What are the tasks and goals of this bureau?
  - ☑ How many persons are working in the bureau? What are their educational backgrounds?
  - ☑ Can you please describe the organizational structure of the bureau?
- How is the work on the neighbourhood level financed? *(on-site bureau, community development etc.)*
- How important is community development (mobilisation, empowerment, participation of local stakeholders) within the context of integrative neighbourhood development?
- Can you please describe the methods used for mobilizing local stakeholders?
- From your point of view: Can all different groups of local inhabitants and other stakeholders be reached? Are there any obstacles?

Verein für Kommunalwissenschaften e.V. · Berliner Bank BLZ 100 200 00 · Konto-Nr. 9901965500 · Postbank Berlin BLZ 100 100 10 · Konto-Nr. 17516-106

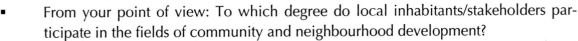

- From your point of view: To which degree do local inhabitants/stakeholders participate in the fields of community and neighbourhood development?
- Are there any district budgets/contingency funds to support the work on the local level? How is the allocation of local funds being organized?
- Regarding the work on neighbourhood level: Which success could be achieved? Which failures could be identified?
- How are co-operation and communication between local government, the neighbourhood and the intermediate level organized? *("Interface" local government – intermediate level; "Interface" intermediate level – neighbourhood)*
- From your point of view: Is the process of vertical co-operation/communication successful/sufficient? Are there any obstacles?

4.3   Intermediate level

- Are there any organizational structures for the intermediate level (between local politics, local government, representatives from non-profit organizations, entrepreneurs, local inhabitants and other stakeholders)
- If yes: Which organizational structures are implemented? *(e.g. round tables, district/neighbourhood conferences/forums, workshops)*
- Which are the tasks and goals of these intermediate committees?
- Who is participating? Who is missing? *[Stakeholders]*
- Does this intermediate committee have any decision-making powers? If yes, to which extent?
- Is moderation/mediation used to facilitate processes on the intermediate level? If yes, who is charged with this task?
- How is the work on the intermediate level financed?
- From your point of view: Is the process of co-operation/communication within the intermediate level successful/sufficient? Are there any obstacles?
- How are co-operation and communication between local government, the neighbourhood and the intermediate level organized? *("Interface" local government – intermediate level; "Interface" intermediate level – neighbourhood)*
- From your point of view: Is the process of vertical co-operation/communication successful/sufficient? Are there any obstacles?

5.   General questions

- Is there a continuous evaluation of the programme and the implemented organizational and management structures? If yes: Who is in charge with this evaluation study?

Verein für Kommunalwissenschaften e.V. · Berliner Bank BLZ 100 200 00 Konto-Nr. 9901 965 500 · Postbank Berlin BLZ 100 100 10 Konto-Nr. 17516-106

- From your point of view: Which role play „top down"- and „bottom up"-approaches within the programme implementation?
- Did the new managerial and organizational structures cause general changes of practice in public administration?
- Could you please weigh up the pros and cons of integrative district/neighbourhood development approaches including the new managerial and organizational structures in local government?
- From your point of view: Do you see any potentials for the improvement of integrative district/neighbourhood development approaches?
- From your point of view: What are the prerequisites for successful integrative district/neighbourhood development approaches?

Verein für Kommunalwissenschaften e.V. · Berliner Bank BLZ 100 200 00 Konto-Nr. 9901 965 500 · Postbank Berlin BLZ 100 100 10 Konto-Nr. 17516-106

Veröffentlichungen des Deutschen Instituts für Urbanistik

Wohnen in der Innenstadt – eine Renaissance?

Von Hasso Brühl, Claus-Peter Echter,
Franciska Frölich von Bodelschwingh und Gregor Jekel

2005. 336 S., Euro 29,-
Difu-Beiträge zur Stadtforschung, Bd. 41
ISBN 3-88118-392-2

Seit einiger Zeit ist ein verstärktes Interesse am Wohnen in der Stadt zu beobachten, so dass – zögerlich noch – die Diskussion über eine „Rückkehr in die Stadt" beginnt. Vor allem innenstadtnahe Quartiere werden als Wohnstandort nicht nur von einer bestimmten Lebensstilgruppe „wiederentdeckt". Selbst für Familien scheint das innenstadtnahe Quartier sein kinderfeindliches Image zu verlieren, sofern die Umfeldbedingungen stimmen. Die Renaissance der Stadt und insbesondere der Innenstadt als Wohnstandort läutet offenbar eine neue Phase der Stadtentwicklung ein. Suburbanisierungsprozesse dagegen könnten an Bedeutung verlieren.

Der Band fragt nach den Ursachen und den Bedingungen des Bedeutungswandels der Innenstadt sowie innenstadtnaher Quartiere als Wohnstandort. Neben den Faktoren, die für eine Renaissance der Innenstadt sprechen, werden die Wohnortpräferenzen von Bewohnern innenstadtnaher Wohnquartiere untersucht und erörtert. Wesentliche Grundlage der Studie sind Bewohnerbefragungen in jeweils einem innenstadtnahen Wohnquartier Leipzigs und Münchens. Ziel ist es, der kommunalen Praxis Hinweise auf eine Stärkung der Wohnfunktion der Innenstadt vorzulegen.

Verlag und Vertrieb: Deutsches Institut für Urbanistik
Postfach 12 03 21 • 10593 Berlin • Telefon (030) 3 90 01-253
Telefax (030) 3 90 01-275 • E-Mail: verlag@difu.de • Internet: http://www.difu.de

Veröffentlichungen des
Deutschen Instituts für Urbanistik

◆ Schriften des Deutschen Instituts für Urbanistik

Stadtbaukultur – Modelle, Workshops, Wettbewerbe
Verfahren der Verständigung über die Gestaltung der Stadt
Von Heidede Becker
2002. Bd. 88. 874 S., 566 Abb., 3 Tab., 7 Übers., in 2 Teilbänden, Euro 19,80
ISBN 3-17-013216-4

Stadt & Region – Kooperation oder Koordination?
Ein internationaler Vergleich
Hrsg. von Werner Heinz
2000. Bd. 93. 568 S., Abb., Tab., Übers., Euro 37,50
ISBN 3-17-016621-2

Zukunft der Arbeit in der Stadt
Von Dietrich Henckel, Matthias Eberling und Busso Grabow
1999. Bd. 92. 416 S., 37 Abb., 20 Tab., 14 Übers., 2 Karten, Euro 34,90
ISBN 3-17-016363-9

Kontrast und Parallele – kulturelle und politische Identitätsbildung ostdeutscher Generationen
Von Albrecht Göschel
1999. Bd. 91. 348 S., Euro 29,65
ISBN 3-17-016292-6

Entscheidungsfelder städtischer Zukunft
Von Dietrich Henckel, Holger Floeting, Busso Grabow, Beate Hollbach-Grömig, Hans Neumann, Heinz Niemann, Michael Reidenbach, Hartmut Usbeck
1997. Bd. 90. 355 S., 56 Abb., 11 Tab., 2 Übers., Euro 39,88
ISBN 3-17-015037-5

Weiche Standortfaktoren
Von Busso Grabow, Dietrich Henckel und Beate Hollbach-Grömig
1995. Bd. 89. 407 S., 52 Abb., 25 Tab., 13 Übers., Euro 35,–
ISBN 3-17-013734-4

Geschichte der Architektur- und Städtebauwettbewerbe
Von Heidede Becker
1992. Bd. 85. 345 S., 2 Tab., 141 Abb., 10 Übers., Euro 34,77
ISBN 3-17-012504-4
ISBN 3-88118-218-7

◆ Difu-Beiträge zur Stadtforschung

Wohnen in der Innenstadt – eine Renaissance?
Von Hasso Brühl, Claus-Peter Echter, Franciska Frölich von Bodelschwingh und Gregor Jekel
2005. Bd. 41. 331 Seiten, Euro 29,–
ISBN 3-88118-392-2

Verkehrssystem und Raumstruktur
Neue Rahmenbedingungen für Effizienz und Nachhaltigkeit
Von Michael Lehmbrock, Tilman Bracher, Volker Eichmann, Christof Hertel und Thomas Preuß
2005. Bd. 40. 408 Seiten, 18 Abb., 39 Tab., Euro 38,–
ISBN 3-88118-390-6

ÖPNV im Wettbewerb
Management-Planspiel in der Region Berlin
Von Tilman Bracher, Volker Eichmann, Gerd Kühn und Michael Lehmbrock
2004. Bd. 39. 248 S., 56 Abb., 7 Tab., Euro 27,–
ISBN 3-88118-364-7

Interkommunale Kooperation in baden-württembergischen Stadtregionen
Stuttgart, Karlsruhe und Freiburg
Von Werner Heinz, Paul von Kodolitsch, Nicole Langel und Michael Reidenbach
2004. Bd. 38. 228 S., 5 Abb., 13 Tab., 2 Übers., 13 Karten, Euro 25,-
ISBN 3-88118-357-4

Liberalisierung und Privatisierung kommunaler Aufgabenerfüllung
Hrsg. von Jens Libbe, Stephan Tomerius und Jan Hendrik Trapp
2002. Bd. 37. 260 S., Euro 14,–
ISBN 3-88118-333-7

Alles zu jeder Zeit?
Die Städte auf dem Weg zur kontinuierlichen Aktivität
Von Matthias Eberling und Dietrich Henckel
2002. Bd. 36. 400 S., 28 Abb., 14 Tab., 14 Übers., 13 Karten, Euro 18,–
ISBN 3-88118-326-4

Der kommunale Investitionsbedarf in Deutschland
Eine Schätzung für die Jahre 2000 bis 2009
Von Michael Reidenbach u.a.
2002. Bd. 35. 384 S., 60 Abb., 100 Tab., 6 Übers., Euro 17,50
ISBN 3-88118-318-3

Verlag und Vertrieb: Deutsches Institut für Urbanistik
Postfach 12 03 21 • 10593 Berlin • Telefon (030) 3 90 01-253
Telefax (030) 3 90 01-275 • E-Mail: verlag@difu.de • Internet: http://www.difu.de

Veröffentlichungen des Deutschen Instituts für Urbanistik

◆ Difu-Materialien

Soziale Aspekte des Flächenrecyclings in den Städten
Dokumentation eines deutsch-amerikanischen Workshops
Hrsg. von Thomas Preuß u.a.
Bd. 9/2005. 262 S., Schutzgebühr 23,– Euro
ISBN 3-88118-397-3

Kommunale Abfallwirtschaft – Marktöffnung und sichere Entsorgung
Hrsg. von Otto Huter und Gerd Kühn
Bd. 7/2005. 134 S., Schutzgebühr Euro 18,–
ISBN 3-88118-368-X

Verwaltungsmodernisierung in deutschen Kommunalverwaltungen – Eine Bestandsaufnahme
Ergebnisse einer Umfrage des Deutschen Städtetages und des Deutschen Instituts für Urbanistik
Von Rüdiger Knipp u.a.
Bd. 6/2005. 180 S., 37 Abb., umfangreicher Tabellenanhang, Schutzgebühr Euro 20,–
ISBN 3-88118-367-1

Hauptprobleme der Stadtentwicklung und Kommunalpolitik 2004
Von Michael Bretschneider
Bd. 5/2005. 102 S., Schutzgebühr Euro 18,–
ISBN 3-88118-389-2

Der Aufbau Ost als Gegenstand der Forschung
Untersuchungsergebnisse seit 1990
Bearb. vom Deutschen Institut für Urbanistik
Bd. 4/2005. 178 S., Schutzgebühr Euro 15,–
ISBN 3-88118-380-9

Flächenrecycling – Risikobewertung und Risikokommunikation
Dokumentation des 3. deutsch-amerikanischen Workshops „Environmental Risk Assessment and Risk Communication"
Hrsg. von Thomas Preuß, Baldur Barczewski, Volker Schrenk und Karolin Weber
Bd. 2/2005. 162 S., Schutzgebühr Euro 20,-
ISBN 3-88118-373-6

Flächenrecycling – Projektmanagement und Marketingstrategien
Dokumentation des 2. deutsch-amerikanischen Workshops „Auf dem Weg zu wirtschaftlichem Flächenrecycling – Projektmanagement und Marketingstrategien"
Hrsg. von Stephan Tomerius, Baldur Barczewski, Judit Knobloch, Thomas Preuß und Volker Schrenk
Bd. 4/2004. 174 S., Schutzgebühr Euro 20,-
ISBN 3-88118-363-9

◆ Umweltberatung für Kommunen

Wirtschaftlichkeit durch Energiemanagement
Fachkongress-Dokumentation
Hrsg. von Cornelia Rösler
2005. 218 S., 91 Abb., Schutzgebühr Euro 20,–
ISBN 3-88118-383-3

◆ Aktuelle Information

Kommunale Umwelt gesundheitsfördernd gestalten – Praxis der Lokalen Agenda 21
Von Christa Böhme, Bettina Reimann und Ulla Schuleri-Hartje
2005. 16 S., Schutzgebühr Euro 5,–

Von „Tante Emma" zu „Onkel Ali" – Entwicklung der Migrantenökonomie in den Stadtquartieren deutscher Großstädte
Von Holger Floeting, Bettina Reimann und Ulla Schuleri-Hartje
2005. 20 S., 6 Abb., Schutzgebühr Euro 5,–

Stadtmarketing – Bestandsaufnahme und Entwicklungstrendes
Von Beate Hollbach-Grömig, Busso Grabow, Florian Birk und Gerold Leppa
2005. 16 S., 20 Abb., Schutzgebühr Euro 5,–

Interkommunale Kooperation in der Wirtschafts- und Infrastrukturpolitik
Ansätze – Konzepte – Erfolgsfaktoren
Von Beate Hollbach-Grömig und Holger Floeting
2005. 16 S., Schutzgebühr Euro 5,–

Raus aus der Stadt?
Zur Erklärung und Beurteilung der Suburbanisierung
Von Heinrich Mäding
2004. 12 S., Schutzgebühr Euro 5,–

◆ Difu-Arbeitshilfen

Umweltprüfung in der Bauleitplanung
Von Arno Bunzel
2005. 162 S., Schutzgebühr Euro 28,–
ISBN 3-88118-388-4

Die Satzungen nach dem Baugesetzbuch
2. Auflage unter Berücksichtigung des EAG Bau 2004
Von Anton Strunz und Marie-Luis Wallraven-Lindl
2005. 170 S., Schutzgebühr Euro 28,–
ISBN 3-88118-376-0

Verlag und Vertrieb: Deutsches Institut für Urbanistik
Postfach 12 03 21 • 10593 Berlin • Telefon (030) 3 90 01-253
Telefax (030) 3 90 01-275 • E-Mail: verlag@difu.de • Internet: http://www.difu.de